小倉正義
片桐正敏
編著

特別支援教育の はざまにいる 子どもたち

―― ギフテッド・2E・境界知能

金子書房

はじめに

　2006年学校教育法の一部改正により，翌年特別支援教育が開始されました。この「特殊教育から特別支援教育」への変革は，教育の歴史を考えても大きな転換点でした。特に発達障害も含め，障害により特別な支援を必要とする子どもの支援が行われるようになると，子どもに関わる人たちが「教育的ニーズ」に応じた配慮や支援というのも意識するようになりました。ですが，依然として障害の有無で支援が受けられるかどうか決まってしまうケースが多く，教育的ニーズに応じて柔軟に支援がされているかというと，必ずしもそうではないのも事実です。むしろ，子どもの教育的ニーズよりも学校側の事情で特別支援を行うかどうかが決まってしまうことも残念ながらあるように思います。

　こうした点も踏まえた上で，本のタイトルにある「特別支援教育のはざまにいる」子どもとは，どういう子どもなのでしょうか。「はざまにいる」ということは「法令で定められている特別支援教育の対象外」にいる子どもです。現行法令では，どういった障害が特別支援教育の対象であるかが明確に規定されています。別な言い方をすると，障害があると見なされない（必ずしも医学的診断は法令上では不要）場合，特別支援教育の対象外，ということになります。

　ではこうした子どもは何も配慮や支援が受けられないのでしょうか。いや，そんなことはないはずです。2016年に施行された「障害者差別解消法」では，合理的配慮という考え方が広く浸透していった一方で，障害のない（診断名をもたない）人には「合理的配慮」はしなくてもよい（積極的にしない），合理的配慮を受けるには診断書が必要という，誤った考えが広がってしまったように思います（Q＆AのQ5参照）。確かに，障害のない人は，障害者として認定されていないわけですから，合理的配慮の不提供は法令上差別にあたりません。ですが，教育サービスを提供する事業者である学校は，子どもの教育的ニーズに応じて「過度な負担がかからない」程度での「具体的な調整を伴う配慮」や支援をすべきでしょう。本来であれば，合理的配慮とは，障害のある人だけではなく，学校教育を受けるすべての子どもに対して行われるべきもので

i

あり，合理的配慮を行ったとしても，学校や先生には過度な負担がかからないと筆者は考えます。

　本書では特別支援教育の対象外の子どもとして，「ギフテッド」の子どもと「境界域の知能にある」子ども（以下，「境界知能」と表記）について考えてみます。不登校および外国籍の子どもは，学校教育法施行規則第56条で特別の教育課程の編成が認められている一方で，ギフテッド，境界知能の子どもは，どの法令にも具体的な記述は見当たりません。にもかかわらず，特別な配慮や支援が必要な子どもたちです。先に断っておきますが，不登校および外国籍の子どもも，教育的課題をもっている「はざまにいる」子どもたちではありますが，本書では扱いません。

　「ギフテッド」は，医学的な診断名ではなく，公式な定義も明確な定義も存在しません。ですが，欧米では実際にギフテッドとして認定された子どもが存在し，教育的課題をもつ子どもとして配慮や支援が行われています（第1章参照）。本書でいうギフテッドは「高い知的能力をもつ配慮や支援が必要な子ども（人）」と考えてください。「配慮や支援が必要である」ということは，後述するアメリカギフテッド協会の定義も含めて，数多あるギフテッドの共通の定義です。「特異な才能」という言葉も使われることがありますが，才能というのは実態が見えづらいものです。しかも表に出てきていない「潜在的な才能」は，才能とは呼ばれません。あくまでもなんらかの形で観測可能なものを，才能があると評価できる人が評価した時に使われる言葉です。多く受ける誤解としては，「ギフテッド＝才能」があると思われることです。そのことで時には親や子どもが苦しむことがあります。ですので，筆者は才能という言葉を使うことには消極的ですし，ギフテッドという言葉についても他により適切な表現がないので使っている，というのが本音です。

　本書で扱うギフテッドに加えて発達障害も併せ持っている2E（トゥーイー）と呼ばれる子どもは，知的能力が極めて高いためか，しばしば特別支援の対象として扱われない場合があります。筆者がよく相談を受けるのは，「発達障害の何らかの診断があるにもかかわらず，知的能力が高いために特別支援学級の在籍が認められなかった」というものです。また，「特別支援学級を検討するために学校と

話をしたところ，お子さんに合った学習はできない，と言われて特別支援学級を諦めた」といった話も聞きます。2Eの場合，発達障害の特性に応じた指導，支援の他にギフテッドの特性に応じた支援も必要になってきます。現段階では双方の特性に対応した特別支援教育を行うには，まだまだ教育現場の専門性が追いついていない，というのも現実問題として存在します。

「境界知能」の子どもについては，WISC-IVの記述分類で「境界域」という言葉があり，IQ70以上80未満が該当します（具体的な説明は第1章で後述）。本書では厳密な定義をしませんが，概ね知的能力がIQ70〜80程度で，特に断りがない限り発達障害が併存していない配慮や支援が必要な子ども，と考えてください。筆者自身，ギフテッド同様この境界域の知能といった言葉を良い表現とは思っていませんが，適切な表現が今のところ見当たらないので，本書では「境界知能」の子どもと表記します。

こうした「ラベル」や「レッテル」と呼ばれるものを「貼る」ことについて，多くの批判があることは承知しています。その批判は正しいと思います。しかしながら，障害名，診断名という「ラベル」は，絶大な威力と影響力があります。医療においては，診断をつけなければ治療へと進まないということは理解している人も多いと思いますが，教育でも，残念ながら同様の状況があります。保護者（本人）が合理的配慮の提供を学校側に求めた際，診断書を求められた，という話を聞くことがあります。本来は合理的配慮の提供に際しては診断の有無は必要ありません。まして，診断を受けられるわけでもないギフテッドや境界知能の子どもの場合，合理的配慮を受けるのは相当ハードルが高い現状があります。それゆえに「配慮や支援が必要」ということをわかりやすく支援者に理解してもらうためや，配慮や支援を他者に求める場合，なんらかの「ラベル」があった方が話が進みやすいのは事実ですし，筆者がこれらの言葉を使う理由です（ただし，もっぱら支援者に対して用い，家族や本人には使いません）。

発達障害がないギフテッドや境界知能の子どもは，定型発達か非定型発達かと二分法で問われれば，「定型発達」です。ギフテッドも境界知能の子どももスペシャルな支援は必ずしも必要がないかもしれませんが，診断がつかなくとも，一定の特性が認められる，「診断閾下」の子どもも含め，これらの子ども

はじめに　　*iii*

は配慮や支援が必要です。逆に配慮や支援が（今のところ）必要のないギフテッドや境界知能の子どもはいるのか，と問われれば，います。その場合，あえてギフテッドや境界知能といった「ラベル」は必要ないでしょうし，そう呼ぶ意味がありません。ラベルは支援につなげるためにあるのです。

　本書では，なるべく読者に具体的なイメージをもってもらうために，複数の事例が紹介されています。一般的なごく短いエピソードだけのものから，一つの事例として詳細に述べられているものもあります。本書で紹介する事例は，本人が特定されないようプライバシーに十分配慮した上で，必要に応じて本人の許可を得ています。長い事例については，特に断りがない限り，複数のケースを組み合わせた上で読者に大事な内容が伝わるように変更を加えた架空のものです。その他にも支援者や保護者にわかりやすい表記を心がけ，支援に向けての関わりの糸口やヒントを書きました。「Column」では支援者や当事者に寄稿いただき，取り組みや思いをつづってもらいました。また，「Q&A」では，支援の現場でよく受ける疑問に編者が答えています。

　最後に，執筆者について。編者である片桐や小倉は，心理師として日頃から子どもや保護者と向き合ってきた，実践家であり，研究者でもあります。そして，本書の執筆は，支援者であり，実践家として編者が尊敬している方にお願いしました。加えて，生の声を届けたいという思いで，当事者の方にも執筆者として加わっていただきました。本書に書かれているものは，ほんの一例に過ぎないかもしれませんが，執筆者一同，一人でも多くの人に刺さるものがあれば，共感してもらえるものがあれば，明日からの関わりの中でヒントになるものがあれば，という思いで書いています。

　最後に，金子書房の加藤浩平さんには，本書の出版まで多大なご尽力を賜りました。本書には至らぬ部分があるかもしれません。それらは，すべて編者の責任であり，批判やご指摘はつつしんでお受けいたします。ですが，励ましのお言葉もいただけると，きっと執筆者も前向きに頑張れると思いますので，温かい目で見ていただけたら幸いです。

2024年8月

執筆者を代表して　片桐　正敏

目　次

はじめに　*i*

○
○　**第Ⅰ部　特別支援教育のはざまにいる子どもたちの実際**
○

第1章　特別支援教育のはざまにいる子どもを理解するために　2

[1]　特別支援教育の変遷とその課題　*3*
[2]　特別支援教育の制度とギフテッド・2E　*10*
[3]　特別支援教育の制度と境界知能　*15*

第2章　ギフテッド・2Eの子どもたちの実際 ……………*19*

[1]　幼児期・児童期　*20*
[2]　思春期・青年期　*24*
[3]　成人期　*29*

第3章　境界知能の子どもたちの実際 ………………………*33*

[1]　幼児期・児童期　*34*
[2]　思春期・青年期　*39*
[3]　成人期　*43*

第Ⅱ部　特別支援教育のはざまにいる子どもたちへの支援

第4章　支援につながるアセスメント ………………………… 48

第5章　ギフテッド・2Eの子どもたちへの支援 ………… 62

[1]　幼児期における支援　*63*

[2]　児童期における支援　*65*

Column　小学校での「自分研究」を通じた子どもたちとの関わり　*69*

Column　フリースクールでの実践 —— 自分もみんなもそのままでいい　*72*

[3]　思春期・青年期における支援　*75*

Column　中学校・高等学校での取り組み　*78*

Column　得意を生かした放課後等デイサービスでの取り組み　*81*

[4]　高等教育機関での支援　*83*
　　　——大学への移行の視点から

[5]　海外での支援　*89*

Column　思春期の苦悩と自らの学びの確保について　*91*

Column　保護者の立場から　*94*

第6章　境界知能の子どもたちへの支援 ……………………… *97*

[1]　幼児期・児童期における支援　*98*

| Column　通常学級での境界知能の子どもたちへの支援　*100*

[2]　思春期・青年期における支援　*103*

| Column　親の会の実践──学習面で気になる子どもたちとのかかわり　*108*

[3]　高等教育機関での支援　*111*

第7章　対談　これからの特別支援教育をめぐって ……*116*

| Column　学校との連携や家庭での取り組み──保護者の立場から　*128*

￤ "はざまにいる子" についての Q&A ………………………*133* ￤

Q1 日本の学校教育において，ギフテッドはどのように認定，判断するのですか？

Q2 ギフテッドの子どもは学校教育では配慮や支援が受けられないのでしょうか？

Q3 2Eの子どもは，特別支援教育の枠組みの中でギフテッドの特性に応じた支援が受けられないのでしょうか？

Q4 過度激動，OE（overexcitability）とは何ですか？

Q5 ギフテッドや境界知能の子どもは通常学級で合理的配慮を受けることができないのでしょうか？

おわりに　*141*

第Ⅰ部

特別支援教育のはざまにいる
　　　　　子どもたちの実際

第1章

特別支援教育のはざまにいる子ども を理解するために

　第1章では，ギフテッドと2E，境界知能の子どもについてその定義も含めて紹介します。これらの子どもがどうして特別支援教育のはざまにいるのかを知るうえでも，まずは現行の特別支援教育について触れ，教育現場で行われている配慮や支援について概観します。なお，本章では一般的なケースを取り上げており，個別の事例によっては該当しない場合もあることをご承知おきください。

［1］ 特別支援教育の変遷とその課題

Point
⊙特別支援教育のはざまにいる子どもたちの存在を知るために，日本
　の教育システム，特別支援教育の理念を理解する。
⊙診断はつかないが教育的ニーズのある子どもたちがいることを知る。

1．はじめに

　特別支援教育は2007年から始まり，15年以上の時が流れました。そのため，学校現場の先生方にとっても特殊教育よりも特別支援教育という言葉の方が馴染みあるものとなり，その理念が少しずつ体現されてきているのではないかと思われます。本稿では，主に文部科学省による会議等の報告を参考に，特別支援教育の始まりと変遷，これからの特別支援教育の課題について大まかに整理したいと思います。すでに様々なところで議論されている内容ですし，紙面的にここで網羅することは難しい部分がありますが，本書のテーマである特別支援教育のはざまにいる子どもたちの支援について議論する際のベースになる部分ですので，整理しておきます。

2．特殊教育から特別支援教育へ

　特別支援教育の在り方に関する調査研究協力者会議の「今後の特別支援教育の在り方について（最終報告）のポイント」（文部科学省，2003）の中では，基本的方向と取組として「障害の程度等に応じ特別の場で指導を行う『特殊教育』から障害のある児童生徒一人一人の教育的ニーズに応じて適切な教育的支援を行う『特別支援教育』への転換を図る」ことが示されています。つまり，特殊教育から特別支援教育への転換の中で，「特別な場での指導を行う」こと

から，場にとらわれず一人ひとりの教育的ニーズに応じて支援を行うことに視点が転換された点が大きな変化であったと考えられます。また，特別支援教育への転換に伴って，盲学校，聾学校および養護学校は特別支援学校，特殊学級は特別支援学級と呼ばれるようになり，各学校に特別支援教育コーディネーターが設置されることになりました。さらに，個別の教育支援計画や個別の指導計画の作成についても推進されていくことになります。

3．特別支援教育の基本的な考え方

そして，同じく最終報告のポイント（文部科学省，2003）の中で，特別支援教育の基本的な考え方として「従来の特殊教育の対象の障害だけでなく，LD，ADHD，高機能自閉症を含めて障害のある児童生徒の自立や社会参加に向けて，その一人一人の教育的ニーズを把握して，その持てる力を高め，生活や学習上の困難を改善又は克服するために，適切な教育や指導を通じて必要な支援を行うものである」ことが示されています。

発達障害者支援法が2005年に施行され，特別支援教育が始まる中で，発達障害の子どもたちを含めた，「通常の学級の中にいる特別な教育的ニーズのある子どもたち」に焦点があてられるようになりました。そして，学校現場では，発達障害に関連する研修が数多くなされるようになり，メディアでもよく見聞きするようになったことから，社会的にも発達障害という言葉は大きく広まったと感じています。もちろん特別支援教育が始まる前に発達障害のある子どもたちへの教育的支援が行われていなかったわけではありませんが，それでもこの15〜20年間で，発達障害の子どもたちへの理解と支援は大きく広まったといえるでしょう。また，特別支援教育が開始される時期（文部科学省，2006）に通級による指導の対象として，LD・ADHDが含まれるようになりました。

4．特別支援教育の展開

障害者の権利に関する条約（以下，障害者権利条約）の国連における採択（2006年12月）を受けて，特別支援教育の在り方に関する特別委員会が開か

4　第Ⅰ部　特別支援教育のはざまにいる子どもたちの実際

れ，「共生社会の形成に向けたインクルーシブ教育システム構築のための特別支援教育の推進（報告）」（文部科学省，2012）が出されています。この報告の中では，障害者の権利に関する条約に基づき，「障害のある者が『general education system（署名時仮訳＝教育制度一般）』から排除されないこと，自己の生活する地域において初等中等教育の機会が与えられること，個人に必要な『合理的配慮』が提供される等が必要とされている」ことが明記されています。

　合理的配慮とは障害者権利条約の中では，「障害者が他の者との平等を基礎として全ての人権及び基本的自由を享有し，又は行使することを確保するための必要かつ適当な変更及び調整であって，特定の場合において必要とされるものであり，かつ，均衡を失した又は過度の負担を課さないもの」（障害者の権利に関する条約第二条）とされています。学校における合理的配慮の一例としては，通常の学級の中で，席の配置の調整やタブレット等の特別な使用を認めることなどが挙げられます。また，あえて合理的配慮と呼ばれることはないかもしれませんが，足の怪我等で歩きにくい子に松葉杖や車椅子の使用を認めること等もその一つと考えることもできるでしょう。この合理的配慮と関連して，2016年に「障害を理由とする差別の解消の推進に関する法律」（以下「障害者差別解消法」）が施行されました。これに伴って，学校園では合理的配慮の提供が義務化されています[1]。

　また，先の文部科学省（2012）の報告の中では，インクルーシブ教育システム（inclusive education system）についても触れられており，「同じ場で共に学ぶことを追求するとともに，個別の教育的ニーズのある幼児児童生徒に対して，自立と社会参加を見据えて，その時点で教育的ニーズに最も的確に応える指導を提供できる，多様で柔軟な仕組みを整備することが重要である。小・中学校における通常の学級，通級による指導，特別支援学級，特別支援学校といった，連続性のある『多様な学びの場』を用意しておくことが必要である」と記されています。

　さらに，2016年には発達障害者支援法が改正され，教育に関して定めた第

1）　2024年4月1日からは，国公立学校園に加えて私立の学校でも義務化されました。

第1章　特別支援教育のはざまにいる子どもを理解するために　5

8条には，「その年齢及び能力に応じ，かつ，その特性を踏まえた」十分な教育を受けられるようにすること，「可能な限り発達障害児が発達障害児でない児童と共に教育を受けられるよう配慮しつつ，適切な教育的支援を行うこと」，「個別の教育支援計画の作成」「及び個別の指導に関する計画の作成の推進」，「いじめの防止等のための対策の推進」が記されました[2]。

5．多様な学びの場

　これまで述べてきたように特別支援教育の基本的な考え方としては，場を分けることではなく，「一人一人の教育的ニーズ」に焦点が当てられています。そのため，場を分けた教育を行うことが目的ではありませんが，先ほどの報告書（文部科学省，2012）にもあったように日本の教育システムの中では，その「一人一人の教育的ニーズ」に応じるために，連続性のある「多様な学びの場」が設けられています。「多様な学びの場」について文部科学省が使っている文言をもとに整理したのが表1-1 です。

　それぞれの子の教育的ニーズに応じるための多様な学びの場としては，特別な場だけではなく，通常の学級を含んだ学校の中のあらゆる場が想定されます。表1-1 にも示しましたが，通級による指導，特別支援学級，特別支援学校はいわゆる特別な教育の場であり，その特徴の１つとしては教育的ニーズに対応した弾力的な教育課程が組めることが挙げられます。これまで述べてきた特別支援教育の考え方からいうと，障害のある子どもの教育的ニーズに応じるためには，まずはその集団の中で多くの子どもたちにとってわかりやすい環境を整えること[3]，その中で必要な場合は合理的配慮を提供すること，そのような取り組みを十分に行った上で，その子どもの教育的ニーズを満たすことが難しい場合は，通級による指導，特別支援学級，特別支援学校などの学びの場を選択することが適切と考えられます。

---

2) 「　」の部分が改正法で加えられた文言です。
3) ユニバーサルデザイン，基礎的環境整備という言葉を使って語られることもあります。同じ通常の学級でも，学校や学級によって教育的ニーズが異なると考えられますので，「その集団の中で」という表現を使っています。

表1-1　日本の教育システムにおける多様な学びの場
　　　　（文部科学省, n.d. をもとに作成）

特別支援学校	障害のある幼児児童生徒に対して，幼稚園，小学校，中学校又は高等学校に準ずる教育を施すとともに，障害による学習上又は生活上の困難を克服し自立を図るために必要な知識技能を授けることを目的とする学校
特別支援学級	小学校，中学校等において以下に示す障害のある児童生徒に対し，障害による学習上又は生活上の困難を克服するために設置される学級
通級による指導	小学校，中学校，高等学校等において，通常の学級に在籍し，通常の学級での学習におおむね参加でき，一部特別な指導を必要とする児童生徒に対して，障害に応じた特別の指導を行う指導形態
通常の学級	小学校，中学校，高等学校等にも障害のある児童生徒が在籍しており，個々の障害に配慮しつつ通常の教育課程に基づく指導を行っている

※通級による指導に関して，通っている学校に設置されている通級指導教室に通う「自校通級」，他の学校の通級指導教室に通う「他校通級」，教師が学校を訪問して指導する「巡回通級」があります。東京都の場合は，各学校に「特別支援教室」が設置されていて，「巡回通級」方式がとられています。

6．今後の特別支援教育の課題

　2021年には新しい時代の特別支援教育の在り方に関する有識者会議が開かれ，報告書が公表されています（文部科学省, 2021a）。ここではその報告書の詳細にはふれませんが，項目としては「障害のある子供の学びの場の整備・連携強化」「特別支援教育を担う教師の専門性の向上」「ICT利活用等による特別支援教育の質の向上」「関係機関の連携強化による切れ目ない支援の充実」などについて報告されており，どれも今後の特別支援教育を考える上で重要な話題であると考えられます。

　もう一つ，特別支援教育を考えるうえで重要な資料があります。それは文部

科学省で 10 年に一度程度行われている「通常の学級に在籍する特別な教育的支援を必要とする児童生徒に関する調査」[4] です。この調査の結果では「学習面又は行動面で著しい困難を示す」児童生徒の割合の推定値が小学校・中学校で 8.8%（8.4%〜9.3%），高等学校で 2.2%（1.7%〜2.8%）であったと報告されています[5]。この結果だけをとらえると，30 人学級であれば小学校・中学校では平均 2 〜 3 人程度は特別な教育的支援を必要とする児童生徒[6] がいることになります。あくまでも平均値であること，「著しい」困難を抱えている人数であることを考慮に入れると，もっと多くの子どもたちに特別な教育的支援が必要であると感じられている学校現場の先生方も少なくないのではないかと思われます。加えて，どのように「障害」をとらえるかにも関わる問題かと思いますが[7]，「学習面又は行動面で著しい困難を示す」すべての子どもたちが診断を受けているわけではない点にも留意する必要があります。そして，診断を「受けていない」だけではなく，実際に診断が「つかない」けれど困っている子どもたちも少なからずいます。これまでの特別支援教育では，このような「診断はつかないが特別な教育的ニーズのある子どもたち」への教育的支援についての議論は十分になされておらず，本書では，そのようなニーズのある子どもたちの支援に焦点を当てています。

　文部科学省は，令和の日本型学校教育として「個別最適な学び」と「協働的な学び」を打ち出しています。この中の「個別最適な学び」は「個に応じた指導」（指導の個別化と学習の個性化）を「学習者の視点から整理した概念である」とされていて（文部科学省，2021b），「診断はつかないが特別な教育的ニーズのある子どもたち」にとっては，この考え方がどのように体現されるかが

4）　最新の調査は令和 4 年 1 月から 2 月にかけて実施され，令和 4 年 12 月に結果が公表されました（文部科学省，2022）。調査の詳細は本稿では触れませんが，全体の％だけではなく，どのような調査をして，「著しい困難を示す」という基準をどこで設定しているのかを見てほしいと思います。

5）　括弧内は 95％信頼区間です。

6）　調査には発達障害の特性を測定する項目が用いられているものの診断されたわけではないので，同報告書でも示されているように「特別な教育的支援を必要とする」児童生徒の割合を示す数値である点に留意する必要があります。

7）　「障害＝診断」と考えるのか，「障害＝特別な教育的支援ニーズが高い」と考えるのかは学校教育現場でも議論が必要なことかと思います。

重要になってくるでしょう。

（小倉 正義）

文献

文部科学省（n.d.）．特別支援教育の現状　文部科学省 Retrieved from https://www.mext.go.jp/a_menu/shotou/tokubetu/002.htm（2024年1月2日）

文部科学省（2003）．今後の特別支援教育の在り方について（最終報告）　文部科学省 Retrieved from https://www.mext.go.jp/b_menu/shingi/chousa/shotou/054/shiryo/attach/1361204.htm（2024年1月2日）

文部科学省（2006）．学校教育法施行の一部改正等について（通知）平成18年3月31日　17文科初第1177号

文部科学省（2012）．共生社会の形成に向けたインクルーシブ教育システム構築のための特別支援教育の推進（報告）　文部科学省 Retrieved from https://www.mext.go.jp/b_menu/shingi/chukyo/chukyo3/044/houkoku/1321667.htm（2024年1月2日）

文部科学省（2021a）．新しい時代の特別支援教育の在り方に関する有識者会議報告　文部科学省 Retrieved from https://www.mext.go.jp/b_menu/shingi/chousa/shotou/154/index.htm（2024年1月2日）

文部科学省（2021b）．「令和の日本型学校教育」の構築を目指して〜全ての子供たちの可能性を引き出す，個別最適な学びと，協働的な学びの実現〜（答申）（中教審第228号）　文部科学省 Retrieved from https://www.mext.go.jp/b_menu/shingi/chukyo/chukyo3/079/sonota/1412985_00002.htm（2024年1月2日）

文部科学省（2022）．通常の学級に在籍する特別な教育的支援を必要とする児童生徒に関する調査結果（令和4年）について　文部科学省 Retrieved from https://www.mext.go.jp/b_menu/houdou/2022/1421569_00005.htm（2024年1月2日）

［2］　特別支援教育の制度とギフテッド・2E

Point
- ⦿日本ではギフテッドは特別支援の対象となっていないが，支援が受けられないわけではない。
- ⦿ギフテッドの定義は公式には決まったものがない。
- ⦿ギフテッドは，配慮や支援が必要であり，発達障害とは分けて考えて対応する。

1．特別支援教育とギフテッド

　特別支援教育とは，「障害のある幼児児童生徒」を対象とした教育および支援を指します。しかし，「障害のない（障害と認定されない・判断されない）幼児児童生徒は対象ではない」と考えるのは，実態に即していません。通常学級においては，当該幼児児童生徒の教育的ニーズを満たす教育ができない場合は，医師の診断がなくても特別支援学級などに在籍して教育を受けることも可能です。その根拠としては，文部科学省の通知では，「障害の判断」に当たっては，障害のある児童生徒の教育の経験のある教員等による観察・検査，専門医による診断等に基づき，教育学，医学，心理学等の観点から総合的かつ慎重に行うこととなっているためです（文部科学省，2013）。例えば，理解力もあり通常のコミュニケーションに支障はないものの，読み書きが著しく苦手な子どもの場合，医師による学習障害（Learning Disabilities：LD）の診断がなくても通級指導教室などで支援を受けることが可能です。

　ただ，この障害の判断の「障害の種類」は，知的障害，肢体不自由，病弱および身体虚弱，弱視，難聴，言語障害，自閉症・情緒障害であり，通級指導の場合は前述の障害種のうち知的障害を除く障害種の他に，注意欠陥（欠如）・

多動性障害（Attention Deficit/Hyperactive Disorder, ADHD），および学習障害が対象となっており，ギフテッドは含まれません。

　ギフテッドの子どもでも発達障害を併存している2E（Twice-Exceptional）の子どもは，当然特別支援教育の対象となりますし，非常に知的能力の高い子どもでも情緒障害特別支援学級で学んでいるケースを筆者も経験してきました。中には高校では，地域のトップ校に入学し，その後有名大学に進学したケースもあります。ですが，発達障害がなく，知的能力が高いゆえに示す学校生活上の問題や生きづらさについては，配慮や支援が及ばないのが実情です。

2．ギフテッドの定義

　そもそもギフテッドは障害や疾患の診断名ではなく，世界共通の定義は存在しません。しかしながら，例えばアメリカの教育現場では，州ごとに独自の認定基準を設けてギフテッドと「認定」して，特別支援教育としての支援が行われています。各州がギフテッドを認定する際は，「落ちこぼれ防止法」（No child left behind act of 2001）に記載があるギフテッドの定義である「知的，創造的，芸術的，リーダーシップ能力などの分野，または特定の学問分野において高い能力を示し，その能力を十分に伸ばすために，学校では通常提供されないサービスや活動を必要とする者」を根拠の一つとしています。特に知的能力の基準は法律で明示されていないことから，州の事情で「高い知的能力」をIQ130以上としている州もあれば，比較的甘くしている州もあります。アメリカ全体では，幼稚園から高校まででギフテッドと認定されて支援を受けている人数は，おおよそ6.5%，370万人ほどとされています（Worrell, Subotnik, Olszewski-Kubilius & Dixsonet, 2019）。

　National Association for Gifted Children（NAGC）が示したギフテッドの定義では，「才能のある子ども（students with gifts and talents）は，1つかそれ以上の領域で同じ年齢および経験，環境にある人と比べて，より高いレベルで能力を発揮するか発揮する可能性を持っている」としたうえで，彼らは，あらゆる人種，民族，文化，経済階層に存在し，才能を示す領域だけではなく，社会的，情緒的に成長するための支援やアドバイスが必要である，としています

第1章　特別支援教育のはざまにいる子どもを理解するために　**11**

（NAGC, 2019）。

　以上，アメリカでの定義を見てみると，ギフテッドの子どもは，やはりなんらかの高いレベルでの能力を持つものの，配慮や支援が必要な子どもであることがわかります。ギフテッドの中には学業成績が非常に高い子どももいる一方で，アンダーアチーバー（underachiever）と呼ばれる高い知的能力から想定される学業成績よりも低かったり，能力をうまく出せずに学業成績が振るわなかったりする子どももいます。こうした場合，本人に合った学習支援を提供する必要があるでしょう。人間関係に疲れてしまう子どもに対しても配慮や支援が必要な場面が多く存在します。才能の定義は多様であり，社会的背景や多様な社会的，文化的背景は才能の発達に与える影響が大きく，低所得家庭，LD，身体障害がある子どもは才能が認められにくいことから（Robinson & Clinkenbeard, 1998），才能の有無で支援を決定してしまうと，潜在的に才能のある子どもがはじかれてしまいかねません。松村（2021）は，才能のある子どもにラベルづけするのではなく，「人にではなく行動に才能のラベルを付ける」ことこそ才能教育の本質であることを指摘しています。筆者自身も松村と同じで，「才能」や「傑出した高い能力」といった点に注目するのではなく，どの子どもにも潜在的可能性があると考え，「好きなことに打ち込む行動」に注目すべきであると考えます。

　ギフテッドの子どもにとって，「配慮や支援」は，必ずしも障害があると認定を受けた子どもと同等かそれ以上のものが必要なわけではなく，特性を理解して，合理的配慮として具体的な調整を行うだけでも十分な場合の方が多いと思います。そうはいっても，義務教育段階ではまだまだ一斉授業の形式が一般的で，ギフテッドの子どもまで配慮や支援が回らないという状況もあります。筆者個人としては，合理的配慮の範囲内での工夫で問題のいくつかは解決可能であると思っています。合理的配慮については第2章以降およびQ&Aで触れていきます。

3．ギフテッドと2E

　ギフテッドに加えて発達障害を併存している2Eの子どもの場合，専門的な

支援を要します。2Eの子ども（Twice-exceptional children）とは「2重に特別な支援を要する」子どものことです。ギフテッドの支援ニーズに加えて、発達障害の支援ニーズも持っているため、2Eの子どもは、特別支援の枠組みの中で支援が行われています。

　しかしながら、現行の特別支援教育の枠組みの中で、2Eの子どもはギフテッドの特性に応じた支援が必ずしも受けられていない現状もあります。2Eの子どもの中には自閉症・情緒障害特別支援学級を利用している子どもたちもいます。特別支援学級ではコミュニケーションの指導などの自立活動が行われていますが、ギフテッドの特性に応じた支援を行うには、教員など支援者はギフテッドの特性を理解している必要があります。教育におけるニーズも、当該学年よりも応用的な内容や探求活動であることから、他の特別支援学級の児童生徒とは異なる部分も多いでしょう。通級指導教室を利用している2Eの子どももいますが、そのほとんどが幸いにも自分の学校に通級指導教室がある場合で、他校通級はハードルが高いため利用者が限られます。

　筆者は、「ギフテッドと発達障害は分けて考える」必要がある、とお伝えしています（片桐編著, 2021）。その最たる理由は、両者とも支援ニーズが異なるためです。ギフテッドを発達障害（具体的には自閉スペクトラム症やADHD）と一緒にしてしまうと、異なる支援ニーズにもかかわらず、発達障害の支援ニーズに対する支援が行われてしまい、結果的にうまくいかないということが起きうるのです。一方で分けて考えるというのは、それぞれの支援ニーズを見落とさない、ということでもあります。発達障害の特性があるにもかかわらず、ギフテッドの特性のみに配慮や支援が行われると、子どもにとって大きな不幸を招くこともあります。例えば、書字障害がある場合、テストの点数自体は良いのですが、字を覚えるためにとてつもない努力をしている場合があります。こうした子どもにはすぐに教育的ニーズに即した対応をしなければならないでしょう。

（片桐 正敏）

文献

片桐 正敏（編著）（2021）．ギフテッドの個性を知り，伸ばす方法　小学館

松村 暢隆（2021）．才能教育・2E教育概論——ギフテッドの発達多様性を生かす —— 東信堂

文部科学省（2013）．障害のある児童生徒等に対する早期からの一貫した支援について（通知）　文部科学省 Retrieved from https://www.mext.go.jp/a_menu/shotou/tokubetu/material/1340331.htm（2023年12月10日）

National Association for Gifted Children (2019). Position statement. A definition of giftedness that guides best practice. National Association for Gifted Children, Retrieved from https://cdn.ymaws.com/nagc.org/resource/resmgr/knowledge-center/position-statements/a_definition_of_giftedness_t.pdf（2023年12月10日）

Robinson, A. & Clinkenbeard, P. R. (1998). Giftedness: An Exceptionality Examined. *Annual Review of Psychology*, 49(1), 117-139.

Worrell, F. C., Subotnik, R. F., Olszewski-Kubilius, P. & Dixson, D.D. (2019). Gifted Students. *Annual review of psychology*, 70, 551-576.

［3］ 特別支援教育の制度と境界知能

Point
◉境界知能の子どもは特別支援の対象ではないが，学習の遅れにより支援を受けているケースがある。
◉境界知能の子どもの背景要因としては，個人内要因の他にも様々な環境要因が関係していることがある。
◉発達障害が併存している境界知能の子どもは，特別支援教育を受けているケースが多く見られる。

1．特別支援教育と境界知能

　「はじめに」でも述べていますが，知能が境界域にある子どもを「境界知能」の子どもと表記しています。本書では，特に断りがない限り，発達障害の診断基準を満たさない子どもを境界知能のある子どもとして述べていきます。筆者自身臨床場面でこうした言葉を使ったことはなく，知能検査の報告書に書く場合，WISC-IV（Wechsler intelligence scale for children–fourth edition）の記述分類にしたがって「低い（境界域）」と書くことはありますが，本人や保護者に対して使う言葉ではないと思っています。

　境界知能とは，一般的には知能検査で測定される IQ が70以上85未満（ウェクスラー式知能検査では − 1 SD から − 2 SD の間）を指すことが多く（同年齢の子どものおよそ14%），WISC-IV の記述分類では IQ が70以上80未満，同年齢の子どものおよそ6.7% が「低い（境界域）」となっています。なお，改訂された WISC-V では IQ が70以上80未満の記述分類が「非常に低い」と変更され，「境界域」の記述が削除されています。

　筆者の知る限り，文部科学省が公式に「境界知能」という用語を用いて提言

第 1 章　特別支援教育のはざまにいる子どもを理解するために　*15*

をしたり，報告書をまとめたりしたことはなく，議論自体もほとんど行われてない現状があります。知的障害とされる IQ の目安が 70 以下（実際には適応行動の評価も必要であり，実際には 70 以上でも知的障害と判定されることがある）ですから，法令に記載されている「障害の種類」がなければ，ギフテッドと同様，境界知能の子どもは特別支援の対象ではありません。しかしながら，発達障害のある子どもを除いて境界知能の子どものすべてが特別支援を受けていないか，と言われればそうではなく，実際には学習上の困難さが認められることから，LD として通級の対象となったり，場合によっては支援級で支援を受けたりするケースもあります。厳密に言うと LD は，音韻障害および（または）視覚認知障害が原因で読み書きの正確さや流暢さ（スピード）に問題が出てきて，結果的に読み書きの遅れや学習の遅れが見られるのですが，現場レベルでは，ひとまず現象として読み書きの遅れや学習の遅れが見られるのだから支援を使う，という判断がされることが多いようです。加えて，ADHD の診断基準を十分に満たさなくても，不注意のために学習に課題を抱えてしまう子どももいます。こうした子どもの場合，WISC のワーキングメモリ指標が落ちていることが多く，特別支援の対象になるケースも見受けられます。

　ただし，支援を受けられるかどうかは，地域の事情や保護者の思いといった本人以外の要因が大きく影響してきます。ある小さな町の小学校では通常学級 6 クラスよりも多い支援学級と通級指導教室が配置されており，ほぼ半数の児童がなんらかの形で特別支援教育を受けています。こうした自治体もあれば，小学校に特別支援学級や通級指導教室がなく，自校で支援が受けられない，というところもあります。筆者の印象では，低学年から丁寧に特別支援を受けていると，高学年になってから特別支援が必要なくなるような子も比較的多く見かけます。

　小学校と中学校では特別支援を受けず，高校になって高等支援学校（職業科のほかにも普通科を設置している支援学校も多い）に進学するケースもあります。保護者は，義務教育の段階では「勉強が苦手」という認識でいたけれど，いざ中学校 3 年生になって進路選択を迫られると「行ける高校がほとんどない」と学校の担任に言われたり，高校卒業後の進路に不安を覚えて普通科高校よりもずっと手厚い就労支援を行っている高等支援学校を選択したりする，と

いうケースを筆者自身何度も経験しています。

２．境界知能の子どもの背景要因

　境界知能のある子どもの背景には，個人内要因の他にもいろいろな環境要因が影響している場合があります。例えば，家庭環境，より具体的に言えば貧困やドメスティックバイオレンス（DV），ヤングケアラーなど様々です。これらの状態にある子どもは，十分な教育の機会が与えられない状態に陥っていることが多く，結果的に結晶性知能（これまでの経験や教育，学習から獲得していく知能）が伸び悩み，知能検査を実施すると境界域になることがあります。加えて，子ども自身が心理的な安全性が保障されていない環境で育つと，精神面および身体面での健康な成長発達に問題が出てくることは容易に想定可能なことでしょう。

　こうした環境要因は解決可能なものもあれば，非常に難しい問題もあります。経済的な貧困だけでしたら経済的支援が受けられる場合があるのですが，その経済的支援を受けられることすら知らない場合や経済的支援に対する知識の獲得の機会が制限・潰されている場合も多く，非常に根深い問題もあります。

　子どもの発達や育ちに影響を与える環境要因としては，親が病気で働けない（その結果ヤングケアラーとなる），親がアルコール依存など依存症を抱えている，暴力・暴言が絶えない家庭環境，中には保護者が知的障害や発達障害があり支援につながっていないなど，医療的・社会的つながりが希薄な家庭ですと，現在ある経済的支援だけではどうしようもありません。こうした場合，スクールソーシャルワーカーを通して福祉的支援につなげる，などを行うことがあります。子どもの貧困は，実際問題として非常に大きな社会的問題であり課題です。本来であれば健やかに育っているはずの子どもが，こうした環境によって学習能力の遅ればかりではなく精神的に追い詰められて，結果的に不適応を示すケースが認められます。家庭環境が劣悪で，非常に不安を抱えた状態で知能検査を受けると，実際の能力よりも低く出てしまうことはよくあります。

第１章　特別支援教育のはざまにいる子どもを理解するために　**17**

3．発達障害のある境界知能の子ども

　境界知能と発達障害が併存している子どもは，特に小学校ではよく会います。比較的障害特性が強くない子でも，特別支援を受けている（特別支援学級や通級指導教室で学んでいる）ケースもよく見かけます。先ほど述べたように学習上の困難さが認められることから，学習支援も含めて情緒学級で支援を受けることがあります。中には ASD などの併存があり，学習が難しい子の場合は，療育手帳を取得して知的障害の特別支援学級で学んでいるケースもあります。

　ただ，筆者自身の個人的な考えですが，特別支援を受けられている子どもよりも，特別支援の対象になっていない発達障害のある子どもの方が，子ども自身はもちろん教育現場の負担がかなり強い印象があります。理由は様々ですが，とりわけ保護者が特別支援を拒否しているケースは非常に対応が難しいです。学校側が対応を誤ると，保護者はよりかたくなになって特別支援を拒否したりするケースもあります。

　一方で，小学校の低学年では特別支援を受けてこないで，高学年から特別支援を受けるケースもあります。特に低学年の場合は学習や行動上の問題が表面化しないか，保護者があまり困っていない状況であったのが，高学年になると学習の遅れが顕著に目立ち，行動面での問題が親の手に負えなくなってくる，ということがあると，学校側も特別支援を勧めやすく，保護者の困り度が強いため，保護者も受け入れやすい状況があるのかもしれません。

（片桐 正敏）

第2章

ギフテッド・2Eの子どもたちの実際

　第2章では，ギフテッド，2Eの子どもたちについて，エピソードや事例を交えながら紹介します。ギフテッドや2Eの子どもは，それぞれのライフステージによって困りごとや生きづらさが異なる場合が多いことから，ライフステージごとに分けて述べていきます。本章では，ギフテッドの特性の一つでもある過度激動といった専門用語も扱っていますが，こうした専門用語の解説は最小限にとどめ，具体的なエピソードを中心に子どもの実態を具体的に説明していきます。

［I］ 幼児期・児童期

Point
- ⊙「感じやすさ」があることを理解する。
- ⊙発達の非同期性から生じる対人関係の難しさを理解する。
- ⊙発達障害のニーズとの区別をする。
- ⊙才能と障害は互いに隠し合うという視点をもつ。

1. 幼児期のギフテッド・2Eの子どもたち

⑴ 架空事例

　ユウキさんは5歳の年長児です。母はユウキさんを「感じやすい子」だなと思っていました。あるとき，ユウキさんは「悪いことをしていないのに先生に叱られるから幼稚園には行きたくない」と言い始めました。母が何があったのか聞いても，「言いたくない」の一点張りでした。仕方なく，母が先生に尋ねてみると，友だちが一生懸命書いた手紙を「ここが間違っているよ」と指摘し，相手の子が泣いてしまったことがあったとわかりました。ユウキさんは友だちにきつく言ったわけではなかったので，先生も叱るというよりは「一生懸命書いた手紙に対してそんなことを言ってはいけないよ」と注意をしたつもりだったのですが，ユウキさんが暗い顔をして何も言わなくなってしまったので気になっていたと聞きました。今回のようなことはよくあって，友だちが楽しそうに話しているテレビの話に（本人はそのつもりはないかもしれませんが）ダメ出しをして泣かせてしまうことがあったようです。園の先生の話では，その友だちの話は大人が聞くと確かに間違っているところはあるけれど，他の子どもたちにはそれほど気にならない話のようだということでした。

20　第Ⅰ部　特別支援教育のはざまにいる子どもたちの実際

⑵　幼児期のギフテッド・2Eの子どもたちによくみられる姿

　自閉スペクトラム症（以下，ASD）は，幼児期に診断がつくことが少なくないので，ASDと特異な才能を併せ持つタイプの2Eの子どもたちは，低年齢から気づかれていることが比較的多いでしょう。例えば，言葉の出始めや，話し始めが遅かったのに，しゃべるようになってからはずっとしゃべっているように感じられるくらいよくしゃべっている，自分の関心領域については誰にも負けないくらいの知識を持ち備えたタイプの2Eの子がいます。それに対して，発達障害のないタイプのギフテッドの子どもたちは，ユウキさんのように「感じやすい子」ととらえられていても，その特徴やニーズに気づかれていない，もしくは気づかれていてもニーズとしてはとらえられていないことが多いように感じます。

　年長くらいから小学校低学年にかけては，ユウキさんのように他の子どもたちの言っていることのあいまいさに違和感をもったり，間違いがあることに気づいたりして，それを指摘してしまうことで友だちとの関係がうまくいかなくなってしまうことも起こりがちです。自分の言っていることは正しいにもかかわらず，どうして叱られてしまうのかと憤りを感じたり，しんどくなってしまったりすることもあるでしょう[1]。また，そのくらいわかっているのであれば，友だち関係でもう少しうまく立ち振る舞えばいいのではないか，と思われるかもしれません。しかし，そこはあくまでも年長児なのです。この辺りの発達の凸凹は非同期性発達とも言われ，ギフテッドの子どもたちのニーズの一つであると言われています（Webb et al., 2016 角谷・榊原 監訳 山本・小保方・井上 訳，2019 など）。

2. 児童期のギフテッド・2Eの子どもたち

⑴　架空事例

　ミツキさんは小学2年生で，ADHDの診断を受けています。1年生の時か

1）　ギフテッドの子どもたちには，ポジティブな感情もネガティブな感情も強く増幅される情動性過度激動（OE：Overexcitability，Q&A（p.136）で詳しく解説します）と呼ばれる特徴がある場合も多く，本人も周囲もその気持ちの波とつきあうことに疲れ果ててしまう場合もあります。

ら忘れ物や立ち歩きが多く，先生からよく注意を受けていました。また，本が好きなので，図書館に行くと，時間を忘れて本に夢中になってしまい，移動しなければいけない時間を忘れてしまうこともありました。図書館にいっている時間だけでなく，授業中も考えごとをしていて，先生の話をまったく聞いていないようにみえることもあれば，発言を求められていない時に突然発言してしまうこともありました。2年生になっても忘れ物は多く，特に宿題をよく忘れてきていました。宿題をしたノートやドリルを忘れてしまうこともあれば，ノートを持ってきていたとしても宿題があること自体を忘れてしまうこともありました。ある日，宿題をやってきたドリルを忘れてしまいました。先生からは「宿題を本当にやったのだったら忘れないのではないですか？」と言われましたが，ミツキさんは非常に腹を立てて，「絶対にやった！」と言い張りました。このことで，ミツキさんは先生のことが信用できなくなったと憤っていました。

　テストになると，問題が早くできるのでじっとしていられなくなって，友だちに話しかけたり，一人で練り消しで何かを作って遊んだりしていることもしばしばあり，そのたびに先生に叱られていました。テストも内容自体はよくわかっているのですが，問題自体を飛ばしたり読み違えたりしていることが多く，「見直しをしないからですよ！」と先生からも親からも叱られていました。このように先生からよく叱られていたこともあってか，1学期の終わり頃には友だちからも授業中にたびたび注意されるようになっていました。

　もともと人なつっこい性格で，どんな友だちともよく遊び，1年生の頃から学校も楽しそうに行っていましたが，2年生の夏休みが明けてしばらくしたある日，お腹が痛いと言って学校を休むことがありました。それ以降も毎日何かしらの痛みを訴えるようになり，長期間学校を休むことになりました。

⑵　児童期のギフテッド・2Eの子どもたちによくみられる姿

　ミツキさんはADHDと診断されており，ここで示したエピソードからも忘れ物の多さなど不注意さが目立つタイプであることがわかります。一方で図書館に行ったら本に夢中になって戻ってこない，授業中に先生の話を聞かずに何やら考えている，といった行動は，ADHDの子どもたちに必ずしもみられる行動ではありません。ミツキさんの場合，ADHDだけのニーズがあると考え

るよりは，ADHD のニーズも，ギフテッドのニーズもある，いわゆる2Eととらえたほうがよいように思われます。ミツキさんの場合は ADHD の特性からも，ギフテッドの特性からも集団の中で目立つ行動が多く，その行動の多くは先生から注意を受けるものでした。そのため，どうしても先生から叱られる回数が多く，周囲の子どもたちからの評価も「いつも叱られている子」となりがちだったと思われます。身体的な症状には精査は必要ですが，いつも叱られている状況が学校への行きづらさに影響を与えた可能性は少なくないでしょう。

　松村（2021）は，「2E児の才能と障碍は個人の中で互いに隠し合うため，才能あるいは障碍は教師に気づかれにくい」点を指摘しています。ミツキさんの ADHD の特性は気づかれやすいと考えられますが，ギフテッドに由来するような特性についてはまったく気づかれていない可能性があります。一方で，学習ができるために，一連の行動が「わざとやっている」ととらえられる可能性もあります。このことからも，2E の子どもたちを理解する上では，「才能と障害が互いに隠し合う」という視点は非常に大切だと考えています。

（小倉 正義）

文献

松村 暢隆（2021）．才能教育・2E教育概論──ギフテッドの発達多様性を活かす
　　── 東信堂

Webb, J. T., Amend, E. R., Beljan, P., Webb, N. E., Kuzujanakis, M., Olenchak, R. & Goerss, J.(2016). *Misdiagnosis and dual diagnoses of gifted children and adults : ADHD, Bipolar, Ocd, Asperger's, Depression, and Other Disorders*（*2nd edition*）（ウェブ，J. T., アメンド，E. R., ベルジャン，P., ウェブ，N. E., クズジャナキス，M., オレンチャック，F. R., ゴース，J. 角谷 詩織・榊原 洋一（監訳）山本 隆一郎・小保方 晶子・井上 久祥（訳）（2019）．ギフテッド その誤診と重複診断──心理・医療・教育の現場から── 北大路書房）

［2］　思春期・青年期

Point
◉感情の激しさ（起伏）は，中学以降弱まることが多い。
◉正義感，完璧主義は，新たな適応上の問題として出てくることがある。
◉中学以降の環境の変化には要注意である。
◉感覚の問題は年齢によって変化することがある。

1．はじめに

　中学生くらいになると，情動性過度激動で見られるような感情の強い起伏というのが少し落ち着くようです。特に感情を爆発させて強い怒りを他者に向ける（特に保護者）といった行動は，児童期で見られたものよりも少なくなります。もちろん個人によって程度の差はあるのですが，少なくてもより感情の起伏が強くなる，ということは少ないようです。どうして収まったのかを子どもに聞いてみると「怒ると疲れるんだよね」とか言う子どもや「どうして怒っていたのかよくわからない」と答える子どももいます。ただ，親の感情と同期して怒ったり，一緒に泣き出したり，といった子どももいます。

　この時期になると児童期までは周囲が感じるほど本人が困っていなかったり，生きづらさを感じていなかったりしていた子どもでも，少しずつ人や社会との関わりで困ってくることが出てきます。学校や保護者との考え方の違いや，将来の不安など，多くの子どもが持つ不安や困りごとのほか，ギフテッド特有の問題も出てくることがあります。

2．正義感や完璧主義，感覚過敏の問題

　特に挙げられるのが，正義感や完璧主義，感覚過敏の問題です。正義感は，他者との関わりの中で強い葛藤として現れてくることがあります。どの人も聖人君子ではなく，思春期においてはまあまあ悪いことをしたり他者を困らせたりすることがあります。多くの青少年はそうして学んで大人になっていくのですが，ギフテッドの子の中には，どうしても曲がったことが許せなかったり，折り合いがつけられず仲間から孤立したりすることもあります。場合によっては大人と対立することもあります。その正義感も多くは正しいのですが，中には客観的に見ても受け入れられそうもない「本人なりの正義感」を振りかざしてしまうことがあります。ただ，かなり理論武装をしているので，大人が説き伏せるのも一苦労だったりします。一方，うまく噛み合うとリーダーシップを発揮するとともに良好な社会的関係を構築することもできます。

　完璧主義は正義感と関連するのですが，中途半端にできず，物事を「理想通りに」完遂しようとするため，時として人間関係を悪化させてしまうことがあります。個人で作り上げるものであれば（保護者が困ることはよくあるものの）特に問題は起きないのですが，共同で行うものについては，完璧なクオリティを求めすぎると作業が進まないことがあります。すべてのものが「1か0か」ではなく，曖昧だったり適当さも求められたりすることがたくさんあるのですが，その辺を理解してもらうのが結構難しいです。結局できなかったりすると，作業そのものを諦めてしまいます。ある子どもは，学校に無遅刻無欠席で通っていたのですが，ふとしたことでそれが途絶えてしまうと，それっきり学校に行けなくなってしまいました。これはやや極端な例ですが，こうした完璧主義は幼児期からも見られますし，場合によってはより強くなっていくことがあります。

3．環境との不適応

　環境の劇的な変化は，幼稚園から小学校に上がるときにも起こりますが，小学校から中学校に入学すると，また大きな変化が起こります。ある子は，小学

第2章　ギフテッド・2Eの子どもたちの実際　**25**

校では子どもの特性を理解して関わってもらったため，特段不適応を起こさずに学校生活を送ることができたのに，中学校に入ると途端に縛りが強くなり，登校しぶりが始まってしまいました。まず制服に袖を通せない，という子もいます。ある子の場合は，感覚の過敏さがあってジャージ登校を認めてもらうように交渉しましたが，学校側の理解が得られず異装届を受理してもらうまでに大変苦労をしました。そして，ようやく異装届を認めてもらってジャージ登校してきたら，先生に怒鳴られたりします。そう，中学校は担任だけに話を通して配慮してもらうだけでは不十分で，多くの教科担任に理解を得る必要があるからで，一律に理解を得るのが本当に難しいのです。ある先生は合理的配慮をしてくれるが，別の先生だとそうはいかなかったりします。その結果，内申点に大きなばらつきが生まれてしまいます。

　校則も適応を悪化させる原因になることがあります。大概の学校にある校則というものは，基本的には理不尽なものばかりです。そしてその校則がどういう根拠があって，どういういきさつでできたかを誰も知らない。そんな校則を守らせる学校の先生に対して，ギフテッドの子どもは嫌気がさします。どうして守らないといけないかを聞くと，「規則で決まっているから守りなさい」という，なんとも理解不能な返答だったりします。そもそもきまりは，その所属している人すべての人権を保障し，だれもが過ごしやすくするためにあるはずなのですが，あきらかに教師が生徒を管理する目的であることが透けて見えると，学校に対して不信感を持ってしまいます。

　先ほどの例にあるように感覚過敏のある子どもは，制服が苦手であったり，人が多いところも苦手だったりします。小学校まで少人数で落ち着いて過ごせていたのが，中学校に入ると40人学級になってしまい，途端に学校に通えなくなってしまう子もいます。感覚の過敏さは小さいときから存在していることが多いですが，環境の変化によってそれがよりはっきり出てくることもあります。さらに年齢によって今まで目立たなかった新たな感覚の問題が出てくることもあります。感覚過敏を我慢させていると，それがストレスとなって溜まってしまい，結果的に環境（この場合は学校）に対して不適応を引き起こし，不安や抑うつといった症状を引き起こしてしまうこともあります。

4．適応の良いケースと過剰適応

　ギフテッドの子どもの中には，小・中学校と非常に学校適応が良いケースがあります。例えば成績も良好で，他者への期待に最大限応えようとして役員なども積極的に引き受け，リーダーシップを示すことがあります。しかしながら，非常に無理して周囲の期待に応えようとしたり，人間関係を保つために精神的に負荷がかかってしまったりすることがあります。このように，内的な不適応感と過剰な外的適応行動とのバランスの崩れが心身への負担を生じさせることを「過剰適応」と呼びます（日潟，2016）。実際に結果が出て，周囲の賞賛を得られている状態であれば良いのですが，完璧主義や自分と他者の能力の違い（自分はできるのに他者はできない），他者との意見の相違，強い承認欲求などがギフテッドの子どもを苦しめることがあります。

　過剰適応の場合，これまで一見うまくいっていたように見えていたのに，急に燃え尽き，不登校になってしまうことがあります。こうした過剰適応のケースは，ASD のある人にも類似した現象が見られることがあります。ASD のある人，特に女性で多いようですが，発達障害特性を巧妙に隠すマスキングやカモフラージュが認められることが知られています（砂川，2022）。ASD のカモフラージュは友人関係や社会的つながり，受容の促進の欲求によって駆動しているとされ，燃え尽きや抑うつ，不安，恐れなどを招くとされています（Ai, Cunningham & Lai，2022）。現時点でギフテッドに見られる過剰適応や向社会的側面は，ASD にみられるカモフラージュと同一なものなのか，異なるものなのかは実証的な研究がなく判断が難しいです。ただ，ギフテッドの場合は，相手の気持ちに深く入り込み共感してしまうことで疲れるケースが見受けられますし，過度激動を制御するために調整・操作をした結果疲れてしまう，といったことがありそうです。

5．高校以降の進路選択

　高校への進路選択は，ギフテッドの子どもにとって特に重要な意味を持ちます。中学校3年間を支援級で過ごしたある子どもは進学校に入学して，その後

第2章　ギフテッド・2E の子どもたちの実際　　**27**

日本でトップクラスの大学に進学しました。他の子からは，支援級に在籍しているという理由で，定期テストや内申点で不利な扱いを受けてしまい，希望の高校に進学できなかった，という話も聞きます。

　進路選択の理由も様々で，今まで学校の勉強に見向きもしなかったギフテッドの子どもがテレビ番組にもなっている高校生対象のクイズ大会に出たいと思った瞬間，急に勉強し始めてそのクイズ大会の常連校に進学した，という例もあります。一方で，学校嫌いから普通科の全日制高校ではなく通信制高校をあえて選択する子どもや，座学の勉強ばかりでは集中力が続かないので実習の多い高等専門学校（高専）に進学する子どももいます。高専の場合，調査書・内申点の比率よりも当日の学科試験の比率がかなり高い学校もありますので，不登校傾向の生徒が選びやすい進路でもあります。

　進学校に入学し，自分と同じ特性があるクラスメイトと意気投合し，居場所を見つけたことで毎日楽しく学校に通っている子ども（本人に聞くと部活動は楽しいけれど勉強は嫌，と言ったりしますが）や，勉強に目覚めて励む子どももいます。いっぽうで学校になじめずに通信制高校などに転編入をしたり，退学して高卒認定資格を取得して大学に入学する子どももいます。筆者はまだ関わったことがないのですが，高校の途中で退学をして大学に入学する，いわゆる飛び級入学をする子どももいます。

（片桐 正敏）

文献

Ai, W., Cunningham, W. A., & Lai, M.-C.(2022). Reconsidering autistic 'camouflagingas' transactional impression management. *Trends in Cognitive Sciences,* 26(8), 631-645.

日潟 淳子（2016）．過剰適応の要因から考える過剰適応のタイプと抑うつとの関連——風間論文へのコメント—— 青年心理学研究, 28(1), 43-47.

砂川 芽吹（2022）．第2章 発達障害の男女に見られるカモフラージュの違い 川上ちひろ・木谷 秀勝（編著）続・発達障害のある女の子・女性の支援——自分らしさとカモフラージュの狭間を生きる——（pp.21-37）金子書房

［3］　成人期

Point
⊙学齢期からの環境の変化を意識する。
⊙好きなことを話せる意味を理解する。
⊙完璧主義や繊細さによる悩みを理解する。

1．大学生のニーズ

(1)　学齢期を越えて

　学齢期を乗り越えると少し楽になると語るギフテッドの子どもたちや保護者もいます。確かに学齢期には集団の中で周囲のペースに合わせることが望まれることが多く，そのことによるしんどさが生じている場合も少なくありません。同じ「学校」であっても「大学」は周囲のペースに合わせることを期待されることは比較的少ないでしょう。また，大学は受験という制度があり，学力や専門分野によって分かれていることも特徴です。そのため，自分に合った環境やペースで学習や生活ができる部分はあるでしょう。

　また，ギフテッドや2Eの青年・成人たちの中には，幼児期や児童期・思春期の経験から自分の興味のあることについて思い切って話をすると周囲の反応が薄かったり，ネガティブな反応が返ってきたりすることで，あまり自分の好きなことを話さないようになっている人もいると思われます。大学や大学院に入ると，興味関心の似ている人が多くなるため，自分の好きなことを話さないようにしたり，加減しながら話したりすることにエネルギーを注ぐ必要が少なくなる人もいるようです。大学や大学院でその道のエキスパートたちと議論したり研究を進めたりする中で，「初めて話が通じた気がする」と感じたというギフテッドや2Eの青年たちにも出会ったことがあります。

第2章　ギフテッド・2Eの子どもたちの実際　　**29**

ただ，「大学に入ったらうまく行く」というわけでもありません。2Eの学生であれば発達障害に起因する様々な困りごとが，発達障害がないタイプのギフテッドの場合にも学生生活で困りごとが生じる場合もあります。例えば，過度激動に起因する集中や完璧主義のために時間の管理が苦手になる場合があることなどが指摘されています（松村，2013；松村，2018 など）。架空事例をもとに具体的に大学生の困りごとを見ていきましょう。

(2)　**大学生の具体的な困りごと**──大学3年生のアオイさんの架空事例

　アオイさんは，工学部で機械系の学科に在籍し，3年になって希望のゼミに所属することができました。1，2年生の時から授業中に出された個人で行う課題やテストは問題なくできていましたが，グループで決められた課題を遂行したり，プレゼンテーションを準備したりする授業では非常に難しさを感じていました。しかし，グループワークになると，リーダーをまかされてしまうことが多く，それが負担になっていました。

　ゼミに所属するようになって，大学院生の先輩は話も合うので安心感が生まれてきました。しかし，ゼミで意見を求められた時にはいろいろ考えつくことがあるものの，その場でパッと答えることができないために，少しずつ劣等感を感じるようになってきていました。そのような中，担当教授から，「アオイさんが提出した課題が優秀なので，学会で発表してほしい」と依頼を受けました。アオイさんは嫌だなとは思いましたが，結局断ることはできずに依頼を引き受けてしまいました。しかし，1，2年生の頃に授業で発表した時に，発表への質問の意図がつかみきれずに困ってしまったことを思い出し，だんだんと憂うつな気持ちが強くなってきて，学会当日に欠席してしまいました。

(3)　**アオイさんの事例を通じてわかること**

　アオイさんは，希望のゼミに所属することができ，専門分野を学ぶという意味では充実した日々を送っています。しかし，教員や他の学生たちとの関係の中で様々な困りごとを抱えていることがわかります。周囲から見ると「いろいろできているのだから自信を持ったらよいのでは？」と思うようなタイプの方でも，学齢期に成功体験を積み上げられていない場合には，自分の成果が周

囲から見られるような場面で極度の緊張を感じることもあるようです。そして，本当に自信がなくて「自分なんて……」といった言葉を使ったとしても，周囲からは必要以上に謙遜しているように見えてしまい，人間関係が難しくなることもあります。そのような積み重ねの中，他の学生たちとの付き合いや指導教員とのやりとりに負荷がかかりすぎてしまい，大学に通うこと自体が難しくなることも起こりうるでしょう。

2．社会人になってからの困りごと

　日本でギフテッドや2Eの社会人の実態について明らかにした調査研究はありませんが，社会人になってからも，前述した大学での困りごとと似たような経験をしている人もいると思われます。これまで指摘されている行動特性（Webb et al., 2016　角谷・榊原 監訳 山本・小保方・井上 訳，2019 など）や筆者の経験などから，「いろいろな人から仕事を頼まれたり，相談ごとを寄せられたりするが，断れなくて困っている」「明らかに効率が良い方法がわかっているのに，今まで通りのやり方ですることを上司から求められてしまう」「自分のやり方で進めてしまい，他の人がついて来られなくなる[1]」「自分にも他者にも要求水準が高くて周囲も本人も困ってしまう」といったことが考えられます。このような時に近くに相談できる相手がいればよいのですが，なかなか悩みをわかってもらえると感じられずに困っている方も少なくないと思われます。そして，そのことでメンタルヘルスに問題を抱えたままになってしまうこともあるでしょう。

　また，仕事では独創性やオリジナリティが評価される場合もありますが，時にはそれよりも求められた仕事を的確にこなしたり，周囲と同じようにすることを求められたりすることもあり，苦しくなってしまうギフテッドや2Eの方もいるでしょう。

　このようなことから，同調性や本人にとって意味の感じにくい仕事のやり方

1）「自分のやり方」をうまく説明できずにストレスを抱えながら，今まで通りのやり方をするか，勝手に自分のやり方で進めてしまうかといったことになりがちです。

を求められる職場を避け，自由裁量で仕事を進めることができ，人間関係が比較的シンプルであるような職場を選ぶ方もいるようです。

(小倉 正義)

文献
松村 暢隆 (2013). 発達障害学生の才能を活かす学習支援——アリゾナ大学ソルトセンターの実践から—— 關西大學文學論集, 63(1), 133-153.
松村 暢隆 (2018). 発達多様性に応じるアメリカの 2E 教育——ギフテッド（才能児）の発達障害と超活動性—— 關西大學文學論集, 68(3), 1-30.
Webb, J. T., Amend, E. R., Beljan, P., Webb, N. E., Kuzujanakis, M., Olenchak, R. & Goerss, J. (2016). *Misdiagnosis and dual diagnoses of gifted children and adults：ADHD, Bipolar, Ocd, Asperger's, Depression, and Other Disorders* (*2nd edition*) (ウェブ, J. T., アメンド, E. R., ベルジャン, P., ウェブ, N. E., クズジャナキス, M., オレンチャック, F. R., ゴース, J. 角谷 詩織・榊原 洋一 (監訳) 山本 隆一郎・小保方 晶子・井上 久祥 (訳) (2019). ギフテッド その誤診と重複診断——心理・医療・教育の現場から—— 北大路書房)

第3章

境界知能の子どもたちの実際

　第3章では，境界知能の子どもたちについて，第2章と同様にライフステージごとにエピソードや事例を交えながら紹介します。境界知能という言葉に（筆者も含めて）抵抗がある人もいるかと思いますが，良い言葉が見当たらないので，本書では配慮や支援が必要な子どもに対して用いています。なお，本章で触れた事例については，断りがない限りは発達障害などが併存していないケースだとお考えください。加えて，支援事例については，地域によって対応が大きく異なる部分もあることをご承知おきください。

［I］　幼児期・児童期

Point
⊙集団場面や乳幼児健診での気づきはあるが，継続的な支援につながりにくい。
⊙学習のつまずきが起きることを理解しておく。
⊙自己評価の低下や二次的な問題の予防が大切である。

1．幼児期の子どもたちのニーズ

　境界知能の子どもたちは，幼児期には言葉の発達がややゆっくりだったり，文字や数字にあまり興味がなくて，友だちに手紙を書くなどの遊びを好まない，集団での指示理解やルールのある遊びが苦手，製作が苦手といったような特徴や行動がみられることがあります。そのため，保育所や幼稚園，こども園の先生は，その辺りの様子から支援ニーズに気づかれている場合も少なくないと思われます。5歳児健診などの中でも会話や言語概念の理解の難しさの指摘を受けている例も少なくないでしょう[1]。しかし，その他の問題とされるような行動や不適応がみられない場合は，継続的な支援につながっている場合は少ないように感じています。郷間（2022）も，医療機関の発達外来の医師という立場から，ボーダーライン（境界域）またはグレーゾーンと考えてよいような子どもは，通常は継続しての診療や相談につながることは少ないと述べています。そのニーズには気づかれながらも，個別的な支援につながったり，保育所や幼稚園，こども園から小学校への引き継ぎがあったりするケースは少ないという

1）　5歳児健診は2023年度から公費支援事業になりましたが，実施状況や内容は自治体により異なります。小枝（2017）等を参照してください。

のが現状のように思います。

　そのため，小学校に入って具体的に学習を始めるようになってから，支援の
ニーズが顕在化することが多いというのが実際でしょう。第1章［1］にもあ
げた，文部科学省（2022）の調査の「学習面で著しい困難を示す」子どもの中
に含まれるタイプだと思われます[2]。

2. 児童期の子どもたちのニーズ

(1) 架空事例

　ハルカさんは小学校1年生です。1学期は学校が楽しくて，授業も積極的に
参加していましたが，2学期になってから，だんだんと勉強がしんどく感じら
れるようになりました。真面目なタイプで，親も熱心だったので，宿題はやっ
ていかなければいけないと本人も思っていましたが，毎日の宿題になかなか
とりかかることができず，とりかかってもなかなか進みませんでした。そして，
親に叱られつつ泣きながらなんとか宿題を終わらせて学校に持っていくという
日々を過ごしていました。宿題にとりかかるまでに時間がかかっていたため
に，親もハルカさんは勉強が得意ではないという認識はありましたが，本人の
やる気の問題もあるだろうととらえていました。テストでは周りの子どもたち
が100点近い点数をとっている中，よくても70点くらいで，30〜50点くらいの
点数をとることもありました。テストの点数がとれなくても，親も叱らないよ
うにしていましたが，本人はテストを親に見せないでゴミ箱に捨てることがあ
り，そのことで親から厳しく叱られることがありました。

　そのような中で，勉強へのやる気はだんだんと落ちていき，学習の遅れも目
立ち始めました。現在（1年生の3学期）もひらがなを思い出すのに時間がか
かってしまいます。計算も指を使ってすると「指を使うからいつまでもできな
いんだよ！」と親から叱られるので，こっそり机の下で隠すようにして指を使
うようになっていました。

2）　文部科学省（2022）では，「学習面で著しい困難を示す」子どもは小中学校で 6.5%（6.1%〜
　6.9%），高校では 1.3%（0.9%〜1.7%）（括弧内は 95%信頼区間）でした。

⑵ 児童期の子どもたちの実際

　ハルカさんのように，小学校に入って宿題が大変になったことで，相談に訪れる方もいます。何か大きな不適応を起こしているわけではなくても，勉強に対する拒否感がとても大きくなってしまっていたり，自己評価が著しく低く，「どうせできない」「私，馬鹿だし」といった言葉がみられることも少なくありません。本人もこれまではあまり気にしていなかったけれど，小学生になって学習の時間が主となり，「みんなとは同じようにできない自分」を感じていることも少なくないと思われます。そのような子どもたちもスポーツやゲームなど，他のことで得意なことがあれば「勉強はできなくても大丈夫」と思って比較的自信を失わずに生活できている場合もあると思われます。しかし，スポーツのように他者から評価されやすい「得意なこと」がない（少なくとも本人が「ない」と思っている）場合には，自分へのイメージがだんだんと悪くなっていってしまいます。

　そのような中で，「どうせやってもできない」勉強に取り組むことは簡単なことではありません。親に叱られるのも嫌ですが，勉強を始めたら始めたでわからないことに直面させられたり，「なんでできないの！」と叱責を受けたりするのでは，できるだけ勉強を先延ばしにしてしまいたくなるのも無理はないでしょう。その結果，「親に隠れて遊ぶ」という行動を選択してしまい，さらに叱られるということになりがちなのです。このようにして勉強から離れていってしまうと，勉強がわからなくなり，さらに勉強が嫌いになるという悪循環が起こりがちです。

　このように学習のつまずきは，その後の学習理解に影響するだけでなく，学習意欲や自信の低下など二次的な問題につながる可能性が指摘されています（田中他，2011；小倉，2018 など）。また，片桐他（2016）は，通常学級に在籍している小学2年生に調査を行い，書字能力の低いほど，抑うつや攻撃性の問題があることを報告しています。

　また，幼児期（p.34）のところで集団での指示理解の難しさについて触れましたが，学齢期もニーズとしてあがってくることが多いと感じています。日常的に行っていることについては問題なくこなせていても，イレギュラーなことがあったり，たくさんのことを一度に指示されたりすると，わからなくなって

しまうことも多いと考えられます。指示がわからなければ誰かに聞ければよい
のですが、周囲に聞くことが恥ずかしく、なんとなくやり過ごすことを身につ
けてしまっている場合には、後で困ってしまうこともあるでしょう。時には、
「よそ見しているからでしょ！」と叱られてしまうかもしれません。

3．おわりに

　これは事例としては多いわけではありませんが、いわゆる学級崩壊と呼ばれ
るような状況になっているクラスで、先生に対して反抗したり、教室から飛び
出したりしている子どもたちの中に境界知能と判断される子がいることもあり
ます。そのような行動をする理由はあくまでもケースバイケースかと思います
が、一つの可能性として、集団の中で自分が果たすことができる役割を（誤っ
て）見出してしまったから、ということがあるように思います。例えば先生に
対して反抗したり教室から飛び出すということで授業を中断させる、みんなが
やりたいと思っていることを率先してやるという役割を見出してしまっている
かもしれません。
　このように学習はもちろん、行動面や情緒面での問題の予防という観点で考
えても、できるだけ早い時期に境界知能の子どもたちのニーズを発見すること
は非常に重要だと思われます。

（小倉 正義）

文献

郷間 英世（2022）．郷間英世，医療機関の発達外来における新版K式発達検査の利用
　　を中心に，診断域下にある幼児・児童・生徒への教育支援に向けたアセスメン
　　トとその活用，発達障害研究, 43, 352-364.

片桐 正敏・伊藤 大幸・上宮 愛・浜田 恵・村山 恭朗・中島 俊思・高柳 伸哉・明
　　翫 光宜・辻井 正次（2016）．低学年児童の書字能力と抑うつ，攻撃性との関係，
　　LD 研究, 25(1), 49-58.

小枝 達也（2017）．5 歳児健診―― 20 年間の経験―― 認知神経科学, 19(1), 7-13.

文部科学省（2022）．通常の学級に在籍する特別な教育的支援を必要とする児童生徒
　　に関する調査結果（令和 4 年）について　文部科学省 Retrieved from https://
　　www.mext.go.jp/b_menu/houdou/2022/1421569_00005.htm（2024 年 1 月 2 日）

小倉 正義（2018）．学校心理臨床における予防啓発的活動　窪田 由紀・平石 賢二（編）．学校心理臨床実践（pp.163-169）　ナカニシヤ出版

田中 裕子・福元 理英・岡田 香織・小倉 正義・畠垣 智恵・野邑 健二（2011）．軽度発達障害分野における治療教育的支援事業「にじいろプロジェクト」の取り組み――特別支援相談室「にじいろ教室」の実践報告と今後の展望――　名古屋大学大学院教育発達科学研究科紀要, 58, 93-104.

［2］ 思春期・青年期

Point
⊙積み上げの教科でより困難さが目立つようになる。
⊙オーバーアチーバーは「社会的支援（友人や家族からの支援）」と関係している。
⊙進路選択は一つのターニングポイントになる。

1．中学校での学習面の問題

　境界知能の子どもは，知的な遅れがあるほどではないが平均域ではないため，幼児期では言語発達などでの遅れを指摘されることがよくあります。そのため，小学校では通級指導教室などで言語指導[1]を受けていた，という経験がある子どももいますが，その後通級指導を受けなくなると，大半の子は特別支援を受けないで中学へ進みます。あるいは通級指導教室の中には，学習の遅れに対して気に掛けてくれる先生もいて小学校の間は指導が継続しますが，中学校で支援が切れてしまうパターンがほとんどです。

　子どもたちの多くは，学習面では特に数学と英語でつまずくことが多いです。抽象的な概念の操作が苦手なこともあり，小学校高学年くらいになると学習の苦手さが見られるようになります。中学校になると，数字のほかに x や y などといった記号が出てきたり，マイナスの扱いに戸惑ったりします。数学は積み上げの教科であることに加えて論理的思考力が問われるので，一度ついていけなくなるとそれ以降まったく理解不能に陥ります。また英語の場合は，日本

1） 北海道の場合，小学校の通級指導教室に通う児童の 5 割以上が言語の通級指導教室の利用者であり，都道府県間の差が非常に大きいです。

第 3 章　境界知能の子どもたちの実際　　**39**

語と異なる言語を一から覚え，習得していくことになるので，記憶することが苦手な子どもについては，学習が厳しいものとなります。リスニングは聴覚性のワーキングメモリを使うのですが，そもそも聞き取れない場合が多く，最後まで英語を聞き取るための注意の維持も困難になります。

　記憶力の低さにより，中学校に入ると数学や英語以外にも様々な問題に直面します。まず複数の指示や理解が追いつかないため，学習や学級活動，部活動に支障が出てきます。複数の課題を同時にこなさなければいけない場面も出てくるので，その対応が難しい場合もあります。注意力や集中力が弱い生徒の場合は，より顕著に問題が表面化します。とりわけ注意力の弱さは記憶そのものに影響を及ぼしますし，学業成績を低下させる傾向があることが知られています（Schuurmans et al., 2022）。

２．オーバーアチーバーの子どものケース

　知能検査を実施すると，全検査IQ が80前後の子どもでも，知能から想定される学力よりも高い子どもが一定数おり，オーバーアチーバー（overachiever）と呼ばれています。なぜオーバーアチーバーになるのかといった要因については，いろいろ検討されてきています。Parsons ら（1996）は，高校生の男子学生に対してオーバーアチーバーと対処方略を検討しています。この研究では，知的能力が平均域かそれ以上の生徒も含まれていますが，「仕事と達成」，「問題解決」，「社会的支援（友人や家族からの支援）」が特に関係があることを報告しています。面白いことに，肯定的な見通しは学習能力の向上とそれほど強い関係になく，気晴らしを求めることや友人との交際はむしろ学業成績を悪化させかねない，と指摘しています。ちなみに学業成績と最も関連するのが，知的能力の中でもワーキングメモリと言われており（Maehler & Schuchardt, 2016），境界域の知能の子どもでもワーキングメモリが高ければ，学業成績は比較的良好である場合があります。ただし，背景に家庭環境の問題などがあって結晶性知能が落ちている結果，知的能力が低く出てしまっている可能性もあり，福祉的な支援も含めた複数の側面からの支援が求められるケースも存在します。

3．学校での居場所の問題

　部活動などで能力を発揮したり，良好な友人関係があったりすることで，学校が居場所として機能すると，学校生活を有意義に過ごすことができます。ただし，これらがうまくいかないと，しだいに居場所を失って不登校になってしまうケースも散見されます。不登校になった生徒たちに学校へ行けない理由を聞くと，半数以上が理由をうまく答えられません。本人も何が原因で学校に行けないのか本当に分からないことが多いです。たとえて言うなら，コップに水を徐々に注いで水があふれてしまったときが不登校になった時期，ともいえます。学習や友人関係，先生との関係，些細な出来事などが少しずつ重なり合った結果なのでしょう。

　現実が本格的に見え始めてくるのも中学のこの時期です。現実が見えてくることで，急に自尊心が低下することがあります。特にスポーツなどに自信をなくした場合，学校で活躍する場面が少なくなることから居場所を失い，ゲームなどに依存してしまうことがあります。

4．高校の進路選択について

　進路選択は一つのターニングポイントになります。保護者は，それまで子どもの問題を深刻に考えておらず，進路を本格的に考え出す中学3年生になって行ける高校が限られていることを初めて知り，相談機関に駆け込む，といったケースもあります。「子どもは割り切って『スポーツ推薦を狙う』と言って，3年生になっても勉強しないんです」といった話も保護者から聞くこともあります。自尊心が低い一方プライドが高く，自己認知もうまくできていない生徒の場合，全日制の普通科高校を進路に選択するケースが多いです。友人関係に恵まれれば，進路先の高校でもうまく行くことも多いのですが，人間関係でつまずくと中退を選択してしまうケースが見られます。

　近年，通信制高校に通学する生徒も増えてきており，かつてほど抵抗感は薄れてきていますが，全日制に強くこだわる生徒もいます。高校に入学後も，自分の能力などを理解できないと高校卒業後の進路選択を誤ってしまうこともあ

ります。「高校卒業後は，お笑い芸人になるための養成所に入る」とか「声優になりたいので専門学校に行く」という生徒も一定数います。もちろん夢をもち，追いかけるのは良いことだと思うのですが，中には養成所を出たらすぐに仕事に就くことができたり有名になれると思っていたりする節もあり，理想から現実に近づけていく手段がまったく見えていない生徒の指導は，かなり難しさを感じることがあります。

　境界知能にある生徒の進路先の一つとして，高等支援学校があります。この中でも「知的障害高等支援学校」は，原則療育手帳を所持している生徒か，医師の診断，または児童相談所等の公的機関（子ども相談センターや知的障害者更生相談所などが該当）により知的障害と判定を受けなければ受験が認められません。自治体によっては，療育手帳がなくても知的障害特別支援学級に在籍している場合も受験が許可されることがあります。

　こうした状況から，境界知能にある生徒が高等支援学校に行くには，知的障害特別支援学級に転籍（ただし，自治体によっては入学を許可されない場合がある）したり，療育手帳を取得して受験するケースがあります。ASD がある場合は，社会・生活上の適応能力が低いため，IQ が70以上であっても療育手帳が交付されるケースがあるほか，IQ70 をギリギリ上回っている場合などは発達障害がなくても，適応能力などを総合的に勘案して療育手帳が取得できる場合があります。ですが，実際には普通科高校や農業高校，近年では通信制高校に進学するケースが大半です。

（片桐 正敏）

文献

Maehler, C., & Schuchardt, K. (2016). The importance of working memory for school *achievement in primary school children with intellectual or learning disabilities. Research in developmental disabilities,* 58, 1-8.

Parsons, A., Frydenberg, E., & Poole, C. (1996). Overachievement and coping strategies in adolescent males. *The British journal of educational psychology,* 66 (Pt 1), 109-114.

Schuurmans, I. K., Tamayo Martinez, N., Blok, E., Hillegers, M. H. J., Ikram, M. A., Luik, A. I., & Cecil, C. A. M. (2022). Child mental health problems as a risk factor for academic underachievement: A multi-informant, population-based study. *Acta psychiatrica Scandinavica,* 145(6), 578-590.

[3] 成人期

Point
⊙一気に多くの情報を処理することの苦手さが学生生活や仕事に影響する。
⊙新しいことの習得に時間がかかり，困っていることが言い出せない。
⊙契約やお金の使い方に関する課題が生じることもある。

1．大学生の実際

(1) 架空事例

　チアキさんは大学1年生で，高校から推薦で大学に入学しました。いわゆるキャンパスライフへの憧れももっていたので，入学するのをとても楽しみにしていましたが，早い段階でしんどくなっていました。まず，オンラインの学習支援ツールの使い方がわからず，困ってしまいました。時代の流れもありましたが，新型コロナウイルス感染症の影響もあって，大学の授業はオンライン上の様々なツールを利用になっていました。友だちに聞いてみたところ，LINEで，「ここをみればわかるよ」とその学習支援ツールの説明が載ったURLが送られてきたのですが，チアキさん自身はそれを見てもわからず，そしてわからなかったとは言えずに登録できないままでいました。

　対面で行われていた授業は毎回出席するようにしましたが，資料もすべて学習支援ツール上に挙げられているので，困ってしまいました。7月頃になって思い切って教務課に聞きに行くと，「もっと早く来てくれれば……」と言われつつやり方を直接教えてもらい，ようやく学習支援ツールの使い方自体はわかってきました。ただ，その時点で課題がたまっており，〆切までの時間が少なくなっていました。周りの学生に頼ることも考えましたが，自分が気づいてい

なかったことを知られるのが嫌だったのと，課題自体に取り組む気力がなかったこともあり，結局その課題は出さずに終わってしまいました。1年生の前期にとることができた単位は，授業時間中の取り組みへの評価の割合が高いいくつかの授業だけで，必要とされる単位数にはまったく届いていない感じでした。学習支援ツールの使い方がわかったので，後期の授業では同じ繰り返しにはなりませんでしたが，受験科目になかった教科に関連するいくつかの授業はまったく理解することができませんでした。

　「これ以上いても学費の無駄かな」「やっぱり大学に来ること自体に無理があったんだ」と思い始めたチアキさんは，後期の授業が終わる前に退学届を大学に提出しにいきました。

(2)　大学生等が直面する課題

　高校までと大学の大きな違いとして，授業の選択等の自由度が高いことが挙げられます。そのため，まず授業を登録する，履修するといったところでつまずくことがあります。それに加えて，チアキさんの事例にも記したように，新型コロナウイルス感染症の流行などがあって，近年では履修だけでなく授業のオンライン化が急速に進みました。これまでは授業の教室さえわかれば，授業を受けられる状態であったのが，オンライン化されることで，資料を手に入れたり，感想を書いたりするのにも，オンラインの学修支援ツールが使われることが多くなり，学修支援ツールを使いこなすことが求められるようになりました。

　もちろん授業のオンライン化には，学修を進めるうえでのメリットがたくさんあるのですが，誰にとっても，いつでも効果的なものではありません。大学入学時の新しい情報があふれている中で，オンラインの学修支援ツールの操作方法を習得することが著しく困難である学生もいます。一回ではやり方をつかめない学生は境界知能ではなくてもたくさんいますし，自分でやり方はつかめなかったとしても上手に人にお願いして複雑なことは手伝ってもらっている学生もいます。しかしながら，これまでの育ちの中で失敗を繰り返し，成功体験を積んできていない場合には，人に頼ることがなかなか難しい人もいます。また，境界知能にある学生の中には特別な支援を受けたことがない人も少なくな

44　第Ⅰ部　特別支援教育のはざまにいる子どもたちの実際

いので，友だちに助けを求めることにもためらいがある人はなおさら，学生相談室や学修支援室，障害学生支援室に相談し，つながっていくことが難しいでしょう。

少し話は変わりますが，高校時代に親や先生から，「資格をもっていたら将来役に立つから」と言われて，大学等の専門職の養成課程に通学する人もいます。親や先生からの助言をきっかけに自分でもよく調べていればよいのですが，専門職に就くことや資格にそれほど高いモチベーションがない場合には，大学での実習課題や資格試験の勉強等でつまずいたときに，学生生活を続けることが難しくなる場合もあるでしょう。

そして，大学をやめることに対する罪悪感が大きいと，親に言うことが難しい分，「言わずにやめる」という選択肢をとる学生もいます。学修支援ツールの使い方はなかなか聞けないのに，「退学する」という大きな決断をするときは非常に早いといったアンバランスさを抱えている場合もあります。

2. 成人期に直面する課題

2022年4月から成人年齢が18歳に引き下げられましたが，成人すると様々なことが一人でできるようになります。例えば，「クレジットカードを作る」「ローンを組む」「携帯電話を契約できる」といった様々な契約ができるようになります。また，働くようになればお金の管理も自分ですることになるでしょう。筆者の実感で言っても，境界知能にある人の契約やお金の管理は非常に難しい課題です。

一方で，今はスマートフォンが一人一台といってもよいくらいに普及しており，わからないことがあっても調べればすむことが多くなりました。実際に動画投稿サイトでの解説などは，言葉もわかりやすく，視覚的にも理解できるので，説明書や契約書を読むよりも本人にとって有益な情報を得ることができます。一昔前と比較すると便利な時代にはなりましたが，いうまでもなくインターネット上には玉石混交の情報があふれかえっています。情報がたくさんあればあるほど，そこから「正しく」「必要な」情報を取捨選択することの難易度は高くなります。

第3章　境界知能の子どもたちの実際　**45**

境界知能の子どもたちの多くは，クレジットカードを作ったり，ローンを組んだり，携帯電話を契約したりすることはできると思われます。しかしながら，契約内容の詳細な理解や時間的な展望をもって計画を立てることについては課題がある場合も少なくないでしょう。例えば，よく聞く事例としては，自分がどれくらいお金を使っているかわからなくなることがあります。例えば「キャリア決済」という携帯電話やスマートフォンの料金と合算して商品などの代金を支払う決済サービスや「リボ払い」というあらかじめ設定した金額を月々支払う決済サービスを利用していて，想定していた引き落とし金額と合わなくなってしまうことなどがあります。また，インターネット関連の契約をするときにも必要以上のオプションをつけてしまい，そのことに気づいていない場合もあります。このような事例は境界知能にある人だけに起こることではありませんが，境界知能にある人の中には計画性をもってお金を使うことにかなりハードルがあるように感じられる場合もよくあります。

　これら課題は，学生であっても，社会人になっても直面する課題だと思われます。決して事例として多いわけではありませんが，上記のような困りごとが発展して，お金関係で騙されてしまったり，知らないうちに犯罪に巻き込まれて逃げられなくなってしまったりすることが起こる可能性もあることに留意する必要があるでしょう。

　仕事に関しても，自分の特性にあった仕事を選べているかどうか，できないこと，苦手なことは周囲に頼れているかどうかということが，仕事を続ける上で重要なポイントであるように思います。

（小倉 正義）

第Ⅱ部

特別支援教育のはざまにいる
子どもたちへの支援

第4章

支援につながるアセスメント

　第4章では，ギフテッド・2E・境界知能等の支援につながるための
アセスメントについて，できる限り幅広く，かつ具体的に紹介してい
ます。ギフテッド・2Eや境界知能の評価に重要な役割を果たしてい
る知能検査から始まり，認知特性，発達障害の特性や感覚の問題，適
応行動まで，子どもたちの支援に大切だと思われるアセスメントを説
明していきます。他の章と同様にギフテッド・2Eと境界知能で分け
て記述せず，共通する部分も多いので一つにまとめました。

Point

⊙ギフテッド・２Ｅ・境界知能のアセスメントはラベリングするために行うわけではない。

⊙支援につなげるためには発達や知的能力の評価だけでは十分ではない。

⊙知能検査の数値だけでギフテッド・２Ｅと判断しないことが重要である。

⊙知能や認知特性だけでなく，発達障害の特性や適応行動，感覚の問題などを総合的に理解する必要がある。

１．知的能力の評価

　ギフテッドや境界知能の子どもかどうかを判断するためには，知的能力の評価は欠かせないものであり，それを評価するためのツールとして発達検査や知能検査と呼ばれる検査が挙げられます。発達検査では，知的能力のみを評価するわけではないので，ここでは知能検査の話を中心にすすめていきます。知能検査では知能指数（intelligent quotient：以下，IQ）という数値が算出されますが，一般的にそのIQが全体的な知的な能力を示す指標として使われます。しかしながら，子どもたちの支援を行うためには，知的能力や発達の評価だけでは十分ではありません。

　発達障害や知的障害の子どもたちの相談と同様に（もしくはそれ以上に），知的能力に関してだけの相談を受けることはまずなく，あるなんらかの困りごとがあって相談に来られる場合がほとんどです。これまで繰り返し述べてきているように，困りごとがあったとしても相談に来られない場合も少なくないと感じています。

　このような背景も考えると，全体的な知的能力の評価を行うことは重要なのですが，主訴に応じて，それ以外の特徴や背景要因についても丁寧にアセスメントをすることが求められます。ギフテッドや境界知能であったとしても，発達障害の特徴や家庭環境の影響の程度で支援の在り方も異なるため，発達障害

の特性に関するアセスメントや，生育歴や家庭環境の聴き取りを丁寧に行うことも必要です。

(1) 知能検査・発達検査

今の日本でよく知られている知能検査の一つにウェクスラー式の知能検査があり，その児童版（5歳0ヶ月～16歳11ヶ月までの子どもたちを対象）である「WISC」（Wechsler Intelligence Scale for Children）は日本の学校現場でよく使われています。幼児期はウェクスラー式の「WPPSI」（Wechsler Preschool and Primary Scale of Intelligence）[1] という検査もありますが，全体的な知的な能力や発達の水準を測定するためには「新版K式発達検査」や「田中ビネー知能検査」が使われることもあります。成人になると，同じウェクスラー式の「WAIS」（Wechsler Adult Intelligence Scale）[2] という検査があります。

(2) WISC について

発達障害や知的障害といった診断がつかないタイプのギフテッドや境界知能の子どもたちが受検することが多いと思われる「WISC」について説明します。

第1章で述べましたが，「WISC-Ⅳ」の記述分類では IQ が70以上85未満，同年齢の子どものおよそ6.7％が「低い（境界域)」とされています。また，「WISC-Ⅴ」では70以上80未満の記述分類が「非常に低い」と変更され，「境界域」の記述が削除されています。

2024年度現在，我が国の学校現場では，まだ第4版の「WISC-Ⅳ」が使われていることも多いと思われますが，今後は第5版である「WISC-Ⅴ」に少しずつシフトしてくると思われますので，ここでは「理論・解釈マニュアル」（Wechsler，2014 日本版WISC-Ⅴ刊行委員会訳編 2022）を参考に，「WISC-Ⅴ」について説明します。

「WISC-Ⅴ」では，「全検査IQ」と5つの指標として「言語理解」「視空間」「流動性推理」「ワーキングメモリ」「処理速度」があります。それぞれどんな

1） 日本における最新版（2024年9月現在）は第3版である「WPPSI-Ⅲ」です。

2） 日本における最新版（2024年9月現在）は第4版である「WAIS-Ⅳ」です。

能力を測るかを簡単にまとめたのが表4-1 です。

　例えば，学習全体の理解が少しゆっくり感じられる子の中には，本人や家族はとても困っていても，「努力不足」と評価されるだけで個別的な支援につながることなく見逃されている場合もあります。このようなタイプの子どもたちに共通する課題の一つとしてワーキングメモリの弱さがあります。「WISC-Ⅴ」を受検することで初めてワーキングメモリの弱さに周囲が気づく，あるいは苦手さを確認できる場合があり，その気づきがあることで伝え方や学び方の工夫につなげていくことができます。

2．知能検査を解釈するうえで大切なこと

　表4-1 を見ると，一言で知能といっても様々な側面を測定していることがわかります。それでも知能検査だけでは芸術的な才能や，社会性，コミュニケーション能力については測定することはできませんし，知能検査の結果だけで発達障害の特性を十分にアセスメントできるわけではありません。その限界をよく理解したうえで知能検査を用いる必要があります。

表4-1　WISC-Ⅴの５つの指標（WISC-Ⅴ「理論・解釈マニュアル」より筆者作成）

全検査IQ	全体的な知的能力を評価
言語理解指標	言語による理解力・推理力・思考力および表現力を評価
視空間指標	視覚情報を処理する力や視覚情報から推理する力を評価
流動性推理指標	非言語情報の特徴を把握し，関係性や規則性，暗黙のルールを察したり推論する力を評価
ワーキングメモリ指標	耳で聞いたり目で見たりした情報を一時的に正確に記憶し，頭の中で操作する力を評価
処理速度指標	どれくらい早く，正確に物事を処理できるかを評価

第４章　支援につながるアセスメント　*51*

これまでも指摘していますが，境界知能の子どもたちについても，全体的な知的能力の評価が境界域にあたるからといって，「境界知能」として一括りにしてとらえてはいけません。境界知能といっても得意・苦手の違いによって支援方法は変わってきますので，全体的な IQ だけでは支援につながる情報として十分ではありません。そのため検査者は，これまでの育ちの様子，学校や家庭の生活の様子を丁寧に聴き取り，「WISC-V」の結果と合わせて本人の特性や支援の方向性を解釈し，親や先生たちと一緒に本人への理解を深め，支援につなげることが求められます。

　「育ちの様子」「学校や家庭の生活の様子」を尋ねると書きましたが，相談に来られた主訴以外にも本人や家族が困っている（困ってきた）部分はないか，学習面（教科別に，どのくらいのことを理解できているか），社会面（友人関係や先生との関係など），身体面（体調など），心理面（悩みなど）など様々な側面から理解する必要があります。

　ギフテッド・2Eの子どもに対するアセスメントでは，知的能力の評価が特に重要になります。才能は客観的，かつ定量的に評価ができない一方，知的能力は客観的で定量的な評価が可能です。と言っても，前提として，知能検査の数値だけでギフテッド・2Eと判断しないことが極めて重要です。記憶力や判断力など，とても能力が高いと思う子どもでも，知能検査を実施すると平均よりも上くらいの評価であることがあります。

　以前受けた「WISC-IV」の結果が平均よりも上だったある子に編者（片桐）が「WISC-V」を実施したところ極めて高い検査結果が出たことがありました。特にギフテッドや2Eの子どもに対して知能検査を実施する際は，当日のコンディションや本人と検査者との相性に加えて，ギフテッドの特性を理解した上での検査実施が望まれます。

　まず可能な限り，検査前に本人と保護者と会い，やりとりすることをお勧めします。そうすると，その人の特性や能力を垣間見ることができます。その上で，「こんな検査があるんだけれどやってみる？　もしかしたらあなたの困っている原因が分かるかもしれないし，得意な能力をどのように生かしたらいいか，アドバイスができるかもしれない」と言って，子ども自身にも検査を受ける動機づけを高めるようにしています（ただし，何でも分かるわけではない，

分からないこともあるし，結果がすべてではない，ことも伝えるようにしています）。編者たちは検査をする上では，受検態度，モチベーションを重視しています。当たり前ですが，非協力的ですと能力を引き出すこともできませんし，正確に子どもを評価することができません。ギフテッドの子どもの場合，検査者を「自分のことを理解してくれている人だ」と感じてくれると，コミュニケーションが開く印象を強く感じることがあります。

3．子どもの発達支援に有用なアセスメント

　前述したように保護者や子どもは何らかの困りごとを相談しに来ているわけですから，子どもの困っている点，周囲の人が困っている点を明らかにするためにアセスメントを実施する，ことが求められます。単に知的能力を評価したり，能力が高い（低い）ことを証明したりするために行うものでは決してありません。同時に，発達障害の特性も見逃してはいけません。少しでも疑いがあるのでしたら，アセスメント担当者は（もちろん本人と保護者に適切な説明をしたうえで）迷わず発達障害の特性を評価する検査をするべきです。ギフテッドと発達障害を分けて考える，ということは，両方の特性がある可能性を考える，と言うことに他なりません。そして，それぞれの特性を評価した上で，個々の教育的ニーズに応じた支援計画を作成する必要があります。

　表4-2 は，編者たちが主に用いている知能検査や発達検査のアセスメント内容や特徴などを示したものです。これらのいずれかを単独で使うことは少なく，ほとんどの場合はこれらをテストバッテリーとして組みます。包括的アセスメントの考えでは，可能な限り対象者の特性や生活実態全般を把握するアセスメントを，フォーマル，インフォーマルなアセスメントを問わず行います。また，すべてのケースに共通した，実施必須と考えられる領域における観察手段や検査を中心とし，さらに個別に必要と考えられる領域の検査を加えたアセスメント・バッテリを組みます（萩原，2021）。筆者らが包括的アセスメントをする際には，「WISC-IV」および「WISC-V」知能検査と「感覚プロファイル」，「Vineland-II適応行動尺度」を基本とし，さらに保護者や学校の先生などからの聞き取りや本人の面接を通して，それぞれ可能性の考えられる発達障

表4-2　子どもの発達支援に有用なアセスメント

検査名	対象年齢	内容	特徴・留意点
WISC-IV 知能検査	5歳0ヶ月〜 16歳11ヶ月	FSIQ の 他，VCI，PRI，WMI，PSI の4指標によって子どもの知的能力，認知特性を評価。指標間でのディスクレパンシーを評価することができる。	ワーキングメモリは聴覚性ワーキングメモリしか評価できない。学習面の評価ができない。実施にはかなり時間を要する。実行機能の評価は限定的。発達障害の鑑別には使用できない。
WISC-V 知能検査	5歳0ヶ月〜 16歳11ヶ月	FSIQ の 他，VCI，VSI，FRI，WMI，PSI の5指標によって子どもの知的能力，認知特性を評価。指標間でのディスクレパンシーを評価のほかIVよりも指標が増えた。	補助指標も含めた10指標を出す際には，下位12検査の実施が必要。学習のほか，実行機能や発達障害の評価はIVと同様できない。
WIPPSI-III 知能検査	2歳6ヶ月〜 3歳11ヶ月 4歳0ヶ月〜 7歳3ヶ月	3歳9ヶ月までは4つの合成得点（FSIQ，VCI，PRI，GLC）を，4歳0ヶ月以降では5つの合成得点（FSIQ，VCI，PRI，PSI，GLC）を算出可能。	記憶力の評価のほか，運動発達の評価ができない。
Bayley-II 乳幼児発達検査	16日〜42ヶ月	認知尺度，言語尺度（受容コミュニケーション，表出コミュニケーション），運動尺度（微細運動，粗大運動），社会−情動尺度，適応行動尺度の5つの尺度で構成されている。	年齢が高い幼児については評価ができない。他の発達検査と比べて，特に運動尺度が充実しているほか，適応行動や社会性の評価も可能である。
感覚プロファイルシリーズ	0歳〜82歳	本人および保護者記入の質問紙検査。低登録，感覚過敏，感覚探求，感覚回避の4象限の評価のほか，視覚や聴覚，触覚，などの複数の感覚についての評価が可能。	10歳までは保護者評定のみだが，11歳から本人評定も可能。保護者評定質問紙は項目数が125項目とやや多い。
Vineland-II 適応行動尺度	0歳〜92歳	保護者などに対して半構造化面接で評価。全体の適応行動のほか，4つの適応行動領域と不適応行動領域を評価することが可能。	6歳以降の運動評価ができない。
PARS-TR	3歳以上	ASD の発達・行動症状について養育者から半構造化面接により評価。就学後の場合は，現在の症状の他の幼児期にピークの症状の聞き取りも行う。全57項目。	ASD の診断補助的な位置づけであり，確定診断は医師が行う必要がある。

54　第Ⅱ部　特別支援教育のはざまにいる子どもたちへの支援

表4-2 つづき

検査名	対象年齢	内容	特徴・留意点
ADOS-2	12ヶ月以上	ASDの行動特性について本人への面接を通して評価。乳幼児モジュールのほかに言語レベルで4つのモジュールに分けられている。	ASDの診断補助的な位置づけ。熟練しないと評定の信頼性が低くなってしまうため、講習の受講が必須となる。
Conners 3	6歳〜18歳	4件法で回答する質問紙検査。ADHDの行動症状について評価可能なほか、内在化問題に関するスクリーニング項目がある。保護者のほか、教師、本人評定が可能。	保護者用110問、教師用115問、本人用99問、と項目がやや多い。
標準読み書きスクリーニング検査改訂版（STRAW-R）	小学生〜高校生	ひらがな、カタカナ、漢字の3種類、音読・書き取り課題、速読課題（文章課題を含む）、漢字単語課題により、読み書き能力、および計算能力を評価。	指導例などもあり、教員でも比較的実施と評価がしやすい。あくまでも読み書きの学習到達度に関するスクリーニング検査であり、ディスレクシアを診断評価するものではない。
「見る力」を育てるビジョン・アセスメントWAVES (Wide-range Assessment of Vision-related Essential Skills)	小学生	目と手の協応や眼球運動、視覚的注意、形態知覚・形態認知、空間知覚・空間認知、視覚性記憶、図形構成といった視覚関連規則スキルを評価。視知覚指標、目と手の協応全般、目と手の協応正確性、視知覚＋目と手の協応、の4指標を算出できる。	支援例のほか、「はじめてのトレーニングドリル」といった視覚関連基礎スキルを目的とした教材つきで、このアセスメントで指導の効果測定も可能になっている。

略語の説明

WISC-IV (Wechsler intelligence scale for children–fourth edition)
WISC-V (Wechsler intelligence scale for children–fifth edition)
FSIQ （Full Scale Intelligence Quotient）：全検査IQ
VCI （Verbal Comprehension Index）：言語理解指標
PRI （Perceptual Reasoning Index）：知覚推理指標
VSI （Visual Spatial Index）：視空間指標
FRI （Fluid Reasoning Index）：流動性推理指標
WMI （Working Memory Index）：ワーキングメモリ指標
PSI （Processing Speed Index）：処理速度指標
GLC （General Language Composite）：語い総合得点

害の特性を評価する検査を実施します。これら以外でも「KABC-Ⅱ」[3]や「DN-CAS」[4]などを使い，認知面や実行機能の評価を行うことがありますが，ここに挙げたすべての検査を行うわけではありません。あくまでも主訴（子どもや周囲の大人が困っていること）に対する答えを得るという，アセスメントのそもそもの目的に応じて優先度を決めています。

　読み書きや算数の苦手さなど学習困難を主訴として相談に来られた場合には，WISC等で全体的な知的能力を把握した上で，さらに主訴に応じた検査を実施するといった手続きをとることがあります。例えば，読み書きが苦手な子どもたちには，表4-2 にも挙げている「標準読み書きスクリーニング検査改訂版（STRAW-R）」（宇野・春原・金子・Wydell, 2017）や，「見る力」をアセスメントするために用いる「WAVES（Wide-range Assessment of Vision-related Essential Skills）」（竹田・奥村・三浦, 2014）等を実施することがよくあり，そこで明らかにされた特徴をもとに支援の方向性を考えていくことになります[5]。

　算数・数学の苦手さについても，多種多様なつまずきの様相が挙げられ，単独の要因に依拠するものではなく，多元的な要因が関連していることが指摘されています（惠羅, 2022）。算数の苦手さをめぐる要因については，熊谷・山本（2018）の著書等にまとめられているので，参照いただければと思います。

4．アセスメントでギフテッド・2Eの子どもを理解する

　前述したようにギフテッド・2Eの子どものアセスメントの中でもよく使われる検査として，ウェクスラー式の知能検査があります。通常個人内比較において，「WISC-IV」では言語理解指標と知覚推理指標，「WISC-V」では言語理解指標と視空間推理指標，流動性推理指標が高い一方で，ワーキングメモ

3）　対象年齢2歳6カ月〜18歳11カ月。認知処理能力だけでなく，基礎的学力を測定できます。
4）　対象年齢5歳0カ月〜17歳11カ月。4つのPASS尺度（プランニング，注意，同時処理，継次処理）が用いられ，認知機能を測定できます。
5）　読み書きのアセスメントについては，様々な論文，著書にまとめられていますが，宇野（2017）等が参考になります。

56　　第Ⅱ部　特別支援教育のはざまにいる子どもたちへの支援

リ指標と処理速度指標が低くなることが多いとされています（Molinero et al., 2015；Wechsler, 2003 日本版WISC-IV刊行委員会 訳編 2010；Wechsler, 2014 日本版WISC-V刊行委員会 訳編 2022）。こうした傾向は例えば ASD のあるギフテッドも ASD のないギフテッドでも変わらないようです（Boschi, Planche, Hemimou, Demily, & Vaivre-Douret, 2016；Doobay, Foley-Nicpon, Ali, & Assouline, 2014）。編者も多くのギフテッドの子どもの知能検査を実施してきましたが，概ねこうした傾向が強く，特に処理速度指標は他の指標に比べて低い傾向が見られます。

　注意したいのが，松村（2021）も指摘していますが，ワーキングメモリ指標と処理速度指標が低くなると，全検査IQ が下がってしまい，能力が低く見積もられる可能性があることです。そのため，NAGC（2018）も「WISC-V」の全検査IQ のスコアを使用するのではなく，言語理解指標および視空間指標，流動性推理指標の下位検査項目で構成されている一般知的能力指標（General Ability Index：GAI）を採用するよう強く推奨しています。

　適応機能を評価する「Vineland-II適応行動尺度」を用いることについて，疑問に思った人もいるのではないかと思います。ASD のないギフテッドは，適応行動がほぼ平均の範囲内に位置しており，比較的良好な適応能力があることが示されていることから（Doobay, Foley-Nicpon, Ali & Assouline, 2014），発達障害の可能性を検討する上では有用な検査であると考えています。Doobay, Foley-Nicpon, Ali & Assouline（2014）は，適応機能3領域（コミュニケーション，日常生活スキル，社会性）のそれぞれにおいて，ASD のある子どもの群とない子どもの群で差が認められ，特に差が最も大きかったのは社会性の領域で，ASD のあるギフテッド群は1標準偏差近く平均よりも低い結果が得られたことを報告しています。「Vineland-II適応行動尺度」には適応機能の評価だけではなく，不適応の指標もあることから，子どもの問題行動の評価にも用いることが可能です。

　感覚の特異性は，ASD のある人に多く認められる発達障害特性です（Geschwind, 2009）。一方で，ASD特性のないギフテッドの人にも感覚の特異性が認められます。Katagiri, Nagase & Koizumi（2022）によると，FSIQ が130 を超える知的能力が高い子どもに対して，「感覚プロファイル」を実施した

ところ，すべての象限（低登録，感覚探求，感覚過敏，感覚回避）において統制群を大きく上回るスコアが得られました。高知能群のスコアは，「感覚プロファイル」のマニュアルに記載されている ASD と比較しても有意に高いものであったことから，過度激動がスコアに反映されていると考えられますが，感覚の問題を持っているギフテッドの子どもが多いのは間違いない事実でしょう。

ギフテッドに特化した検査については，標準値のある検査というものはまだないのですが，編者（片桐）たちの研究グループで標準化し開発を行っている，「日本語版OEQ-II」という検査は，ギフテッドの特徴の一つである過度激動（Overexcitability：OE）を評価する尺度として有用です（日高・富永・片桐・小泉・室橋，2021）。しかしながら，この尺度はギフテッドに特化したものではなく，あくまでも過度激動の評価尺度の一つであって，ギフテッド判定を行う際には，実際のエピソードに見られる過度激動や行動観察，知能検査，学力，作品物，教育的ニーズなどを総合的に解釈する必要があります（日高，2023）。このほかにも Lind（2011）の「ギフテッド―ADD/ADHDチェックリスト」，および，Amend, Schuler, Beaver-Gavin & Beights（2009）の「ギフテッド―アスペルガー症候群チェックリスト」があり，いずれも角谷（2020）により日本語版が作成され公開されていますが，標準化されていないため，使用の際にはあくまでも参考程度にとどめておくべきでしょう。

5．介入しながらのアセスメント

上記で紹介したアセスメントツールはニーズがあるとわかっている子どもたちに対して実施するものです。そのため，まずは学校園などの集団の中で教師や支援者がそのニーズに気づくことが大切であり，そう考えると集団でのアセスメントが重要になってきます。集団でのアセスメントを考える上では，RTIモデル（「教育的介入に対する反応：Response to Intervention」）が参考になります。

日本でも海津・田沼・平木・伊藤・Sharon（2008）が RTIモデルを参考に通常学級における多層支援モデル・「MIM-PM」（Multilayer Instruction Model-Prgress Monitoring）を開発しています。海津他（2008）によると，

58 第Ⅱ部　特別支援教育のはざまにいる子どもたちへの支援

MIM-PM は 1st ステージ（第 1 層）としてすべての子どもたちを対象に通常学級での効果的な指導を行うこと，2nd ステージ（第 2 層）として，1st ステージのみでは伸びが乏しい子どもたちを対象に通常の学級内での補足的な指導を，3rd ステージ（第 3 層）として，補足的，集中的，柔軟な形態による特化した指導を行うものとしています。海津他（2008）の研究は特殊音節に特化して考えられていますが，このモデルを用いて境界知能でニーズを抱えている子どもたちを発見し支援することが可能だと思われます。臨床的な感覚としては，第 2 層である程度成果が出ながらも，定着が難しい子どもたちの中に境界知能の子どもたちが潜んでいる可能性が高いのではないかと考えています。海津（2016）は算数版の「MIM-PM」を開発していますが，教科別・分野別に多層支援の考え方を用いてアセスメントし介入することで，WISC などの個別検査を用いる前にある程度のアセスメントができ，支援ニーズを満たすことができる可能性があります。学校現場での支援を考える際には，このようなモデルや考え方を参考にして，介入しながらアセスメントし，必要に応じて個別性の高いアセスメントや介入につなげていくことが求められます。

6. まとめ

　大切なことなので繰り返しますが，アセスメントは本人の困っている点や生きづらさの背景を知り，支援につなげるために行います。知能や認知特性だけではなく，発達障害の特性や適応行動，感覚の問題などを理解することで，支援をより的確に行うことができます。場合によっては，精神的な問題を評価する必要があるかもしれません。知的能力が高い子どもは，不安や抑うつが高いという研究が複数報告されており（Karpinski, Kinase, Tetreault & Borowskiet, 2018），気分や注意の調節不全のリスクが高く，行動障害につながりやすいことも指摘されています（Guénolé et al., 2015）。

　こうした点も考慮しつつ，知能検査をはじめとして複数の検査を含めた包括的なアセスメントを行って丁寧に子どもを評価することが重要です（片桐, 2023）。

（小倉 正義・片桐 正敏）

文献

Amend, E. R., Schuler, P., Beaver-Gavin, K., & Beights, R. (2009). A Unique Challenge: Sorting Out the Differences Between Giftedness and Asperger's Disorder. *Gifted Child Today,* 32(4), 57-63.

Boschi, A., Planche, P., Hemimou, C., Demily, C., & Vaivre-Douret, L. (2016). From High Intellectual Potential to Asperger Syndrome: Evidence for Differences and a Fundamental Overlap—A Systematic Review. *Frontiers in Psychology,* 7, Article 1605.

Doobay, A. F., Foley-Nicpon, M., Ali, S. R. Assouline, S.G. (2014). Cognitive, adaptive, and psychosocial differences between high ability youth with and without autism spectrum disorder. *Journal of Autism and Developmental Disorders,* 44(8), 2026-2040.

惠羅 修吉 (2022). 算数・数学でつまずきのある児童生徒に対するアセスメントと指導, 発達障害研究, 43⑷, 378-386.

Geschwind, D. H. (2009). Advance in autismi. *Annual Review of Medicine,* 60, 367-380.

Guénolé, F., Speranza, M., Louis, J., Fourneret, P., Revol, O., & Baleyte, Jean-Marc. (2015). Wechsler profiles in referred children with intellectual giftedness: Associations with trait-anxiety, emotional dysregulation, and heterogeneity of Piaget-like reasoning processes. *European Journal of Paediatric Neurology,* 19(4), 402-410.

萩原 拓 (2021). 発達障害支援につなげる包括的アセスメント　金子書房

日高 茂暢 (2023). ギフテッドとOverexcitability——肯定的分離理論を通じて—— LD研究, 32⑷, 244-250.

日高 茂暢・富永 大悟・片桐 正敏・小泉 雅彦・室橋 春光 (2021). 知的ギフテッドのOverexcitability特性を評価する心理尺度の開発——Overexcitability Questionnaire-Two日本語版の試作—— 佐賀大学教育学部研究論文集, 5⑴, 95-112.

海津 亜希子・田沼 実畝・平木 こゆみ・伊藤 由美・Sharon, V. (2008). 通常の学級における多層指導モデル（MIM）の効果——小学1年生に対する特殊音節表記の読み書きの指導を通じて—— 教育心理学研究, 56⑷, 534-547.

海津 亜希子 (2016). 算数につまずく可能性のある児童の早期把握——MIM-PM算数版の開発—— 教育心理学研究, 64⑵, 214-255.

Karpinski, R. I., Kinase Kolb, A. M., Tetreault, N. A., & Borowskiet, T. B. (2018). High intelligence: A risk factor for psychological and physiological overexcitabilities. *Intelligence*, 66, 8-23.

片桐 正敏 (2023). ギフテッドと発達障害　LD研究, 32⑷, 236-243.

Katagiri, M., Nagase, M., & Koizumi, M. (2022). Characteristics of developmental disorders and sensory in children with gifted. 13th Autism Europe International Congress. Cracow, Poland.

熊谷 恵子・山本 ゆう (2018). 通常学級で役立つ　算数障害の理解と指導法——みんなをつまずかせない！　すぐに使える！　アイディア48—— Gakken

Lind, S. (2011). *Before Referring a Gifted Child for ADD/ADHD Evaluation.* SENG Retrieved from https://www.sengifted.org/post/before-referring-a-gifted-child-for-add-adhd-evaluation（2023年12月10日）

松村 暢隆（2021）．才能教育・2E教育概論──ギフテッドの発達多様性を生かす── 東信堂

Molinero, C., Mata, S., Calero, M. D. García-Martín,M.B., & Araque-Cuenca,A.(2015). Usefulness of WISC-IV in Determining Intellectual Giftedness. *The Spanish Journal of Psychology,* 18, E60.

National Association for Gifted Children (NAGC) (2018). Use of the WISC-V for Gifted and Twice Exceptional Identification. National Association for Gifted Children Retrieved from https://files.eric.ed.gov/fulltext/ED600122.pdf （2023年12月10日）

角谷 詩織（2020）．学校・家庭でのギフティッド児の誤診予防と適切な理解・支援のために──日本語版ギフティッド-アスペルガー症候群,ギフティッド-ADD/ADHDチェックリスト── 上越教育大学研究紀要, 39(2), 301-309.

竹田 契一（監修）奥村 智人・三浦 朋子（著）（2014）．『見る力』を育てるビジョン・アセスメント WAVESガイドブック 学研

宇野 彰（2017）．限局性学習障害（症）のアセスメント 児童青年精神医学とその近接領域, 58(3), 351-358.

宇野 彰・春原 則子・金子 真人・Wydell, T. N.（2017）．改訂版 標準読み書きスクリーニング検査（STRAW-R）──正確性と流暢性の評価── インテルナ出版

Wechsler, D. (2003). *Wechsler intelligence scale for children–fourth edition technical and interpretive manual.* NCS Peason, Bloomington, MN.（ウェクスラー，D. 日本版WISC-IV刊行委員会（訳編）（2010）．日本版WISC-IV理論・解釈マニュアル 日本文化科学社）

Wechsler, D. (2014). *Wechsler intelligence scale for children–fifth edition technical and interpretive manual.* NCS Peason, Bloomington, MN.（ウェクスラー，D. 日本版WISC-V刊行委員会（訳編）（2022）．日本版WISC-V理論・解釈マニュアル 日本文化科学社）

第5章

ギフテッド・2Eの子どもたちへの
支援

　第5章では，ギフテッド，2Eの子どもたちの支援について，エピソードを交えながら紹介します。第2章と同じく，支援についてもライフステージごとに分けて述べていきます。主に学校などの育ちの場での支援を中心に書いていますが，子育ての中で大切にしてほしいポイントについても説明していきます。なお，成人期については，高等教育機関での支援について述べました。また，ギフテッド・2Eの支援については，参考になると思われる海外の支援についても紹介しています。さらに，ライフステージごとにコラムを置きました。これは，支援の実際がわかりやすいように，最前線で実践されている支援者や，当事者と保護者に書いていただいたものです。

［1］　幼児期における支援

> **Point**
> ⊙幼児の精神面の問題は注意が必要である。
> ⊙無理に人間関係を作ろうとしない。
> ⊙習い事は本人の意志とペースでさせる。

1．ギフテッドの幼児の精神面の問題

　幼児期の支援において，特に重要なのは精神面の問題です。これまで多くの幼児と関わってきましたが，ギフテッドの支援や相談をしたときに，初めて希死念慮をもつ幼児に出会いました。もちろんこうした幼児は多くはないのですが，そこまで至らなくてもかなり傷ついたり心をすり減らしたりしている幼児が少なくないのは事実です。精神的問題を抱える理由は様々ですが，子どもらしからぬ振る舞いをして頑張ってしまう子どもや早くも人間関係に疲れてしまう子どももおり，多感なゆえにストレスを抱えてしまっていることがあるように思います。これは小学校に入っても同様です。とりわけ，幼児期や児童期初期でいじめにあうケースがあります。筆者も本人にはあえて聞きませんし，本人の口から話してくれることはないので，具体的にどういういきさつでいじめに遭ってしまうのかは周囲の大人の話から推測するしかないのですが，子どもとはいえ決して許されない行為を受けていることもあり注意が必要です。何より助けてもらえるはずの大人（保育者や先生）に裏切られたと思う行為をされた際に，かなり根深い人間不信を示すこともあります。

第 5 章　ギフテッド・2E の子どもたちへの支援　　**63**

2．ひとりで遊んでいたとしても

　保育者がやりがちなパターンとしては，ブロックやパズルを一人で夢中になってやっている子どもに対して，無理に他の幼児の仲間に入れようとしたり，誘って本人がやりたくない遊びの中に入れてしまったりすることです。筆者も幼稚園の先生から「毎日一人でパズルをやっています。社会性の発達の遅れがあるのではないかと心配しています」と言われたことがありました。実際に子どもを見ると確かにパズルをしていましたが，別な場面では向社会的行動を示すこともあり，その場合，その子どもは単に「今はこのパズルをやりたいからやっている」ということであって，特に心配することはないでしょう。

　一方，一人遊びをしている子どもでも，同年齢の子どもと上手く遊べない，行動の制御ができていない，といった特徴が顕著に見られる場合は，まずは本人が安心して遊べる場の提供と保育者との信頼関係を築くことに注力して関わることが必要です。保育者との良好な関わりをベースにし，少しずつ対人関係を広げていくと良いでしょう。

3．習い事についての注意点

　ギフテッドの幼児の中には大人よりも忙しいのではないか，と思うくらい習い事をしている子どももいます。いつ遊ぶのだろうかと思うくらいのケースもありますが，明らかに本人には疲れている様子も見受けられます。親主導で習い事をびっしり入れるパターンもあれば，逆に子どもから「これをやりたい」といって習わせてみたらすごい数になった，というパターンもあります。好奇心が旺盛で「やってみたい」という気持ちがある一方，すぐに飽きてしまってやめてしまうということもあり，「家の物置が習い事の道具でいっぱいです」と話す保護者もいました。多すぎる習い事は子どもにとっても，親にとっても大きな負担になるため，まずは本人の意志を確認し，本人が無理がなく，自分のペースを維持できる最低限の量から始まるのが良いでしょう。

（片桐　正敏）

［2］　児童期における支援

> **Point**
> ⦿当該学年の学習指導要領以上のことを教えるのは可能である。
> ⦿一斉指導だけではなく，「学び合い」の学習も取り入れる。
> ⦿宿題は個別対応にする。
> ⦿学芸会や運動会など行事は，場合によって裏方で活動させる。
> ⦿無理に才能を伸ばそうとしない方がいい。
> ⦿発達障害は見逃してはいけない。

1．学習面・学校行事の対応

　日本では早修は制度上認められていません。ただし，学習の部分的な早修，つまり当該学年の学習指導要領以上のことは教育可能です。特別支援学級で当該各年の学習指導要領の内容を押さえつつも，さらに上の学年の学習を行っているケースがあります。また，特別支援学級ではなくとも，個別に課題を提供する，ICT の積極的な利用を行ってより深い学びを提供する，などといった実践を行っている先生もいます。

　ギフテッドの子どもの多くは，学校の授業が退屈だと訴えます。これは先生が悪いのではなく，そもそも学校の教育システムがギフテッドの子どもに合っていないために起こることです。一斉指導のような受け身の授業を行うと，内容が退屈なために十分な刺激を受けることができず，子どもが落ち着かなくなったり飽きてきて授業に集中できなかったりということが起こります。そもそも一斉指導は「個別最適化の学び」とは相反するものです。課題探究型の授業スタイルだと，ギフテッドの子どもは生き生きと活動することがあります。その場合，子ども一人ひとりに課題と目標を伝え，各自意見を出し合いながらチ

第 5 章　ギフテッド・2E の子どもたちへの支援　**65**

ームで解決するような学びのスタイルは，ギフテッドの子どもにとても合っています。もちろん，すべてを課題探究型や学び合いの授業スタイルにせよ，というわけではありません。例えば50分の授業のうち，20分は課題探究型を導入する，といった授業を増やすだけでもずいぶん違うと思います。

　その子の強みへの配慮も重要なポイントになります。どの子どももそうですが，役割を持たせると，想像以上に能力を発揮してくれることがあります。ただし，ギフテッドの特性でもある完璧主義や周りからの過度なプレッシャーなどには注意が必要です。頑張りすぎて燃え尽きる，というケースもあります。

　先生方には「宿題は是非とも個別対応でお願いします」とお伝えしています。別のプリントや課題を用意する必要はありません。例えば，漢字を覚えている児童に漢字の書き取りをさせるのではなく，一言「漢字の書き取りはしなくていいから，この漢字とこの漢字の成り立ちを調べてきて」と伝えるだけでも良いです。つまり，先生はどうして宿題を出すのか，その目的を明確に伝え，子どもと共有することが重要です。目的が理解でき，納得できれば，ギフテッドの子どもも宿題をするようになります。

　学芸会や運動会など行事をいやがるギフテッドの子どももいます。その場合，裏方として活躍してもらうという選択肢もあると思います。とにかく無理に行事に参加させることは止めたほうがよいでしょう。行事に参加するのが嫌で不登校になってしまう子どももいます。学校に来られなくなってしまうくらいでしたら，場合によっては行事の不参加を認めても良いかもしれません。

2．「子どもの才能を伸ばすには？」という質問について

　保護者が筆者に良く訊ねてくるのが「子どもの才能を伸ばしてあげたいがどうしたらいいか？」ということです。この場合，「現時点でどんな才能があるか分からないが伸ばしたい」または「才能がありそうなので専門家に習わせてあげたい」といった2つのパターンがあります。筆者はアドバイスとして「子どもが本当に望んでいるのであれば，その環境を整えてあげればいいと思いますが，もし望んでいないのであれば，まずは子どもの好きなものを存分にやってもらってもいいと思います」とお伝えします。前者のパターンの場合は，習

い事が多くなってしまうことがあり，本人のやりたい習い事に絞るように勧めています。後者のパターンの場合，まずはその習い事が本当に子どものやりたいことであるか，好きなものであり続けられるものであるかを本人に確認し，他の習い事や学校や日常生活との兼ね合いで過度な負担になっていないかを親子で話し合うようアドバイスしています。

　筆者自身，習い事は決して否定しませんし，本人が楽しくて過度な負担にならないのであればやった方がいいと思います。何よりギフテッドの子どもの場合，自分と同じ考えや特性をもった仲間と出会う貴重な機会の一つでもあり，場合によっては学校よりも生き生きして過ごしていることもあります。ただし，あくまでも保護者が無理なくできることをするべきです。たまに「海外のギフテッドプログラムを受けさせた方がいいでしょうか？」とか「私と息子だけで移住しようと思っています」みたいな話が保護者から出てくることがあります。もちろん否定はしませんが，冷静に家族で話し合い，本人の意思を最優先に考えてください，とアドバイスをします。

3．ギフテッドと発達障害は分けて考える

　ギフテッドと発達障害は分けて考えてほしい，と筆者が考えるのは，子どもによって支援ニーズが異なるため，双方の特性をしっかり見極めた上で，それぞれの特性に合った配慮や支援を行う必要があるからです。つまり発達障害を否定したいがためにギフテッドであることを強く信じたり，逆に支援の必要があるのなら発達障害として考えた方がいい，というように，どちらかの特性のみにしか目を向けないと支援が偏ったり，場合によってはまったく本人に合わない支援を行ったりして，子ども自身を苦しめてしまうことになりかねません。支援を見誤らないためにも，両方の特性に目を向けて配慮や支援がなされるべきです。

　2Eの中でもLD，特に書字障害については注意が必要です。漢字のテストはそれなりに点数も取れているけれど，陰でものすごい努力をしている場合があります。ノートにびっしり漢字を書いて泣きながら勉強している子どももおり，周囲の人が早めに気づくことで本人がずいぶん楽になったのではないかと

思うこともあります。書字障害は視覚認知障害が背景にあることが多く，専門的な介入が必要です。同時に，通常学級での配慮・支援としてはノートテイキングの負担軽減や宿題への配慮，テストでのひらがな書きの許容などを検討してほしいと思っています。

　なお，これらの配慮は特定の子どもに行うものではなく，学級のすべての児童に行えるとよいでしょう。ギフテッドの子どもだけでなく，楽になる子もクラスの中にいるはずです。

（片桐 正敏）

Column

小学校での「自分研究」を通じた子どもたちとの関わり

　「先生，ぼくってへんなのかな？」——学校で多くの人が行っている「ふつう」に合わせようとして，うまくいかず傷つく子どもたち。繊細な絵や工作を上手に作れるし，宇宙の話ならいつまででも話せるし，プログラミングで複雑なゲームも作ることができる……そんな「得意」に着目すると素敵なところがあふれているのに，学校の中では「無理」「ダメだ」と自信を失っている子がいます。好奇心旺盛で興味があることだと何時間でも取り組み，難しい言葉の言い回しや表現もでき，学習もばらつきはあるが個別なら問題なく取り組めるので，一見すると「自分の好きなことしかしない，わがままな子」と誤解されることもしばしばです。また，中には暴れる，飛び出す，固まるなどの手段で気持ちを表現し，集団から離れることを選択する子もいます。専門書を読んでも，従来の特別支援のやり方の枠に当てはまらないことも多く，関わる大人（教師たちや保護者の方々）も悩んでしまう……というのが現状です。

　筆者もそのような子どもたちとの関わりに日々悩んでいる大人の一人ですが，ある時に出会ったのが「当事者研究」（綾屋・熊谷，2008）の考え方でした。その「当事者研究」を小学校での実践に合わせて考えたのが，筆者の「自分研究」（森村，2022）という取り組みです。「自分研究」とは，困っていることや好きなことなどを子ども自身が研究し，仲間（クラスメイトや先生）と一緒に，困っていることならその対処方法を，好きなことならそれを活かして深めていく方法を考えていく活動です。確立されたプログラムというよりは子どもの実態に合わせて取り組んでいく活動になります。

　ここで，筆者が研究者（＝子どもたち）と一緒に取り組んできた「自分研

究」の実践例をいくつかご紹介します（プライバシー保護のため，複数のケースを組み合わせており，子どもたちの名前は仮名です）。

【研究・その1】落ち着く場所の研究

「僕の耳は厄介なんだ……」感覚の敏感さもあり，自身の怒りスイッチのコントロールにも困っていた6年生のあっくんと，「すぐに頭の中が大変なことになる」と言い，情報や心配が多いと固まって動けなくなる不安の強い5年生のきいさん。特別支援学級でクラスメイトの二人は，協力して「落ち着く場所作り」の自分研究に取り組むことにしました。「マインクラフト（マイクラ）」での建築や工作が好きな二人。マイクラで培った得意を活かして，実際に段ボールを使った「防音部屋」を設計して作り上げました。出来上がった「防音部屋」を通常の学級の先生やクラスメイトにも紹介したところ，これが大好評。本人たちが落ち着ける場所を作り上げただけでなく，その成果を人に認められる経験を重ねていくことにもつながりました。その後，あっくんは「人によって落ち着く方法は違う。自分の怒りスイッチを知ること。時には，時間を置くことも大事」と，先生たちや他のクラスメイトに「自分研究」の成果を語っていました。

【研究・その2】「気持ちカード」の開発

「集団に入るのが嫌。一体どうする？」というのが，4年生のすーちゃんの自分研究のテーマでした。「人目が怖い，落ち着かない」とすーちゃんは言い，伝えたいことがなかなか伝えられない……と本人も悩んでいました。

いっぽうですーちゃんはマンガを描くことが好きでした。そこでその「好きなこと」を活かして，話さなくても自分の気持ちを表現できる絵カード「気持ちカード」を作る「自分研究」をやってみることにしました。「悲しい」「つらい」「疲れた」などの言葉と共に，すーちゃんのオリジナリティあふれるイラストが添えられた「気持ちカード」はクラスメイトにも評判を呼び，「クラスで使いたい！」「保健室でも使いたい！」と，同じように気持ちを伝えるの

70 第Ⅱ部 特別支援教育のはざまにいる子どもたちへの支援

が苦手な子どもたちに使ってもらえるようになりました。自分の困ったことを解決するために作成したカードが人の役に立つというのは，すーちゃんにとっても貴重な経験となりました。「あまり無理しないでね。疲れたら休憩も大事。好きなことに集中してみよう。好きなことで自分を救えるよ。大事にしてくれる人に相談してみるといいよ。自分に合ったやり方がきっと見つかるよ」とすーちゃんは語ります。

今回紹介した自分研究のほかにも，大学と連携してロボットプログラミングの研究をしている子もいますし，集団が苦手であることをきっかけに，アバターロボットを活用して学校生活をどう過ごせるか研究している子，学芸会で特別支援学級のCMを動画編集して作った子など，それぞれの強みを活かして，参加や学びの方法を工夫する研究に子どもたちは取り組んでいます。

「学校は多様な子どもたちがいることが前提となっているか」。これは本校での校内研究のテーマです。通常の学級や特別支援の先生，管理職も一緒に研修をし，自分にできることを考えました。何より先生同士の強みを活かして認め合い，語り合える関係性づくりに力を入れることが，子どもたちの安心安全な環境づくりにつながると考えています。

子どもの好きなことや強みをベースに，環境の工夫を行っていく中で，多様な選択肢から自己決定ができる環境をつくれるように，これからも子どもの声を聞き，一緒に「自分研究」を継続していきたいです。

(森村 美和子)

文献
綾屋 紗月・熊谷 晋一郎（2008）．発達障害当事者研究——ゆっくりていねいにつながりたい 医学書院
森村 美和子（著）熊谷 晋一郎（監修）（2022）．特別な支援が必要な子たちの「自分研究」のススメ——子どもの当事者研究の実践—— 金子書房

Column

フリースクールでの実践——自分もみんなもそのままでいい

●フリースクール「ゆずラボ」について

　筆者は，スカイツリーのある東京都墨田区で，2021年からフリースクール「ゆずラボ」を運営しています。小学1年生から中学3年生の子どもたちが，都内だけではなく千葉や埼玉，関西からも通ってきています。ギフテッドっぽい子どもたちが多く在籍しているのが特徴でしょうか。こぢんまりとしたフリースクールで，外に看板は出ておらず，通りがかりの人から「ここは何屋さん？」と聞かれます。内装はちょこっとオシャレにこだわっています。

●「ゆずラボ」に通ってくる子どもたち

　そんなちょこっとオシャレな場所に，もくもくと自分の興味のままに作業をしている子どもがいたり，本の世界に入ってしまって戻ってこない子どもがいたり，一つ質問をするととめどなく知識が湧いてきて説明が止まらない子どもが通ってきています。頭の中がフル回転してアウトプットが止まらなくなった子どもたちから同時に話しかけられることは日常茶飯事で，「まるで聖徳太子だね」と言われることもあります。

　「ゆずラボ」に来ている子どもたちは，学校で不適応を起こして不登校状態になっている子が多く，おふざけが苦手，びっくりさせられることが苦手，理由もなく指示に従うことが苦手，ルールが成り立たない状況が苦手，意味もない奇声が苦手……など，それらは学校ではよくあることなのですが，安心できる場所ではないと感じてしまうようです。「学校には通いたいけれど，どうにもこうにも自分の身の安全が担保されない」ということでしょう。また，「学校では知っていることしかやってくれない」「授業のスピードが遅すぎる」と，知的欲求が満たされず，本来学ぶことがとても大好きなのですが，その情熱の火が消えてしまっている子どもも多くいます。知識があるがゆえに，周りから

ひけらかしていると思われ，学校ではしゃべることをやめてしまった子どもも
います。「ゆずラボ」は，そんな子どもたちが，あるがままの自分の姿で過ご
すことができるような場所なのかなと思っています。

　筆者は「ゆずラボ」を運営するまでは，都内の総合病院の病棟で副看護師長
を務めていました。もともと仕事が大好きで，ずっと同じ職場にいるつもりで
したが，まさか自分が子どもたちと関わるような仕事をすることになるとは微
塵も思いませんでした。現在も「ゆずラボ」がない日は看護師の仕事は続けて
いますが，看護の職場でも，大人のギフテッドの特性を持った患者さんと接す
る機会が少なくありません。社会に出ても生きづらさを抱えている人たちが多
く，子どもの頃からの支援の必要性を強く感じます。

● 「ゆずラボ」での子どもたちの活動

　筆者は教育の専門家ではないので，子どもたちの勉強に関しては，「教え
る」というよりも「一緒に考える」というスタイルで関わっています。上下
関係が発生しにくい環境，というと聞こえがいいですが，高校や大学の内容
を勉強している小学生もおり，筆者には対応ができないという事情もありま
す。「もっとプリントをください！」と，ひたすらプリントの準備に追われた
り，問題文の文章に「おかしい，こんな現象は起こりえない」と言っている子
どもの話を聞いたり，その一方で，すぐに行方不明になる消しゴムを配り歩い
たり，読み書きに困難さを抱えている子どものサポートにもつくので，筆者に
とって勉強の時間はまさに戦場です。読み書きに困難さのある子どもは比較的
多く，URAWSS（ウラウス：読み書きの速度の評価をするアセスメントツー
ル）やSTRAW-R（第4章表4-2参照）といった読み書きのスクリーニング検
査を実施できるようにしています。そして，その結果を保護者から学校やかか
りつけ医に提出してもらって情報共有をしています。

　また，外での活動も大切にしています。運動は子どもたちの精神面の安定へ
プラスに働くので，近くにある公園に行ってしっかりと体を動かします。運動
が苦手な子どももいるので，どんな形で参加すれば楽しめるのかを一緒に考え

第5章　ギフテッド・2E の子どもたちへの支援　　73

ます。付き添いで来ている保護者の方が一緒に走り回ってくれることも多いです。また、フリースクールといえばボードゲームを取り入れているところが多いと思いますが、「ゆずラボ」の子どもたちもボードゲームが大好きです。子どもたちは「ゆずラボ」に到着するなり、お気に入りのカードゲームで遊ぶことからスタートします。しかし、ゲームの種類によっては、どうしても特定の子どもが勝ってしまうものもあるため、運の要素が強いものや協力が必要なものなど、遊び方が偏らないようにカードゲームを揃えています。処理できる情報量が圧倒的だったり、アウトプットが速すぎたりと、知能の特性がゲームによっては強く出ます。また、負けたときに気持ちの整理がつかない子どももいますが、周囲がそっとしておいてくれるので、離れた場所で気持ちを整えて戻ってきたりしています。周りの子どもたちが、刺激を与えることなく、見ていないふりをしてくれることもありがたいです。「自分にもあんな時期があったんだ」と話してくれた子どももいました。

●訪問看護との連携

　最近では訪問看護との連携も始め、「ゆずラボ」に来られなくなっても支援が途切れないような体制を整えました。他の連携先としては、学校はもちろん、教育委員会や子どもたちの主治医とも情報共有をすることがあります。筆者が子どもの対応に困ったときは、子どもの主治医からアドバイスをもらうこともありますし、保護者が精神的に疲弊しているときは訪問看護にヘルプを出すこともあります。子どもと家庭を中心に、それぞれの専門性をいかし、できるだけチームで関われるようにしたいと思っています。「ゆずラボ」だけで頑張らない、がモットーです。

（末﨑　葵）

[3]　思春期・青年期における支援

Point
◉中学生以降になると，本人の生きづらさの質が変化することがある。
◉感覚の問題は対応に苦力することがあるが，本人に合った方法で解決策を講じる。
◉心地よい刺激を取り込めるグッズを持つ。
◉高校では，精神面での支援，能力が高いゆえに受けるプレッシャーなどに配慮する。

1．中学生になってからの変化

　小学校と中学校では，ギフテッドの子どもの生きづらさが変わってくることがあります。よく見かけるケースは，感情のコントロールがうまくできなかった子が落ち着いてきたり，多動が弱まったりすることです。その一方で別な問題が出てくることがあります。例えば第2章［2］で述べた正義感が強すぎて逆に不適応になるケースです。ギフテッドの子どもは曲がったことを嫌いますし，良くも悪くも同調圧力に屈しないので，「本人が思う」「本人なりの」正しい行動を取ります。そのため，仲間から疎まれたり，場合によっては先生などに仲間の悪事を報告することで人間関係を悪化させてしまったりします。

　保護者や支援者は，「子どもなりの正義感」であったとしても，まずは否定から入らずに受け止めて，話を聴くのがよいでしょう。その上で，もし本人の考えが明らかに間違っているのであれば，論理的にかつ証拠を示して正すと納得してくれることが多いです。ただし，明らかに本人の行動や言っていることが正しい場合は，「周りに合わせて悪いことは見逃しなさい」とも言えません。問題があると考える仲間とは距離を置くように促すか，ギフテッドの子どもの

第5章　ギフテッド・2Eの子どもたちへの支援　75

考えを肯定した上で，その後起きうる人間関係のフォローに入るという対応などが（実際にはそう簡単に解決することではないと思いますが）考えられます。

2．感覚の問題への対応

　小学校と同様に，中学生になって感覚過敏への対応に迫られることがあります。感覚の問題があることは本人も周囲も気づかないことが多く，本人が我慢して耐えることで乗り切っていることもあります。さすがにしんどい場合は回避行動を取ったり大人に訴えてきたりしますが，それでも周囲の理解が及ばないこともあり，後回しにされてしまうこともあります。感覚の問題があることに気づいた場合は，積極的に環境の調整を行ったりして子どもが不快な刺激そのものを受けないようにしてください。これをするだけでも，本人が落ち着いたりイライラが収まったりすることがあります。

　第2章でも触れたように感覚過敏から「制服を着ることができない」と訴えてくる子どももいます。異装届は学校にはすぐには認めてもらえず，すったもんだの末，ようやく許可が下りるということが多いです。そういった中で保護者がかなり疲弊している姿を見ることもあります。

　特定の刺激を体に取り込むことで落ち着くことができている場合もあります。その際に行っている行動（例えば貧乏ゆすりやペン回し，鉛筆かじり，など）については，許容できる範囲のものについては許容するべきだと思っています。ただし，健康面および社会的に望ましくない行動（例えば性器いじりや指の皮をむく，など）は，代わりの行動に置き換えていくのがよいでしょう。性器いじりの場合，例えば，本人が気持ちよく握れる「ニギニギグッズ」をポケットに入れて握ってもらうようにすることがあります。こうした代替グッズは，本人が自分で見つけて誰に言われることなく実践している場合もあります。ギフテッドの子どもに話を聞くと大概何かしらの代替グッズを持っていたりします。例えば「これがないと夜寝られない」といったものを持っている子や，ぬいぐるみを大事に持っていて時々頬ずりして落ち着いている，といったことを教えてくれた子もいました。大人のギフテッドの人でも，こうした気持ちを落ち着けるものを持っていたりします。性器いじりや指しゃぶりは，幼少期から見ら

れることがありますが，世間体などを気にするようになる小学高学年から中学生くらいになると，自然と人前ではやらなくなることがあります。感覚の問題を知るには，第4章でも触れた感覚プロファイルという質問紙がありますが，保護者が手に取って評価することができないので，心理師などに依頼すると良いでしょう。

3．高校での支援

　高校では，精神面での支援が極めて重要になります。進学校に入学すると，周囲に自分と同じような特性を持った人や話題がかみ合う人が出てきます。こうした人たちとの出会いは，その後の人生に影響を与えることになるかもしれません。授業についても学習が高度になってくるため，知的好奇心を満たしてくれることもあります。一方で能力が高いゆえの苦しみもあります。ある生徒は，模試の成績も常に上位で難関校に十分入れる学力があったことから，先生たちの期待が強く，執拗にプレッシャーを与えてくるし，しんどい，学校に行きたくない，と訴えてきました。こうした話を聞くと，ギフテッドの場合，本人が望めばいつでも応えてあげられるような適度な距離での見守りが重要だなと感じます。

　一方で不登校になるケースも見受けられます。特にやりたいことや興味・関心がなく勉強にも興味が持てない場合，結果として学校に居場所を失ってしまうのです。こうした場合，部活動など自分の打ち込めるものがあると学校にも居場所があるため，かろうじて不登校にならずにすむということがありますが，いずれにせよ，本人の興味や関心に応じた配慮や支援が重要です。

（片桐 正敏）

Column

中学校・高等学校での取り組み

　高い知的能力や想像力，感性をもつ子どもたちは，個人内での能力のばらつきを持ち合わせていることもあり，このばらつきの大きさが不安や悩み，緊張の強さとなって，生きづらさを抱えることもしばしばです。時には学校生活に支障が出る場合もあり，個別のサポートをすることもあります。

●発達障害，発達性協調性運動障害，光過敏などがあるＡさんのケース

　Ａさんは，入学当初から書くことに困難があり，字が枠に入りにくくバランスよく書くことができないため，期末考査では白紙を一枚多く準備するなど，特別な配慮を申し出ていました。

　Ａさんとの関わりの中でわかってきたことがいくつかあります。まず，書くことに意識を向けてしまうと解答を考える思考が弱まってしまう（書くことと考えることを同時に処理することができない）ことです。ある記述のテストでは筆記解答だと70点くらいが限界でしたが，パソコンを使って解答したら満点をとれたということがありました。Ａさんは問題がわからなかったのではなく，書くことに集中するあまりアウトプットができていなかったことが証明された出来事でした。

　また，あるプログラムに申し込むとき，自己PRを記述する場面で，Ａさんは真っ白な紙を見たまま一文字も書けずにいました。養護教諭や特別支援教育コーディネーターなどの立場としてＡさんの日頃の活動を知る筆者が，Ａさんが普段できていることを伝えると「それを書けばよかったのか！」と言い，あっという間に空欄を埋めていきました。Ａさん自身は素晴らしい活動を多岐にわたり実践しているけれども，「自己PRを書いてください」と言われても，何を書いたらよいかわからなかっただけだったのです。

　Ａさんは本を読むことも苦手でした。ある日，紙の白がまぶしくて文字がよ

く見えないというので，光過敏によるアーレンシンドロームについて研究されている筑波大学の熊谷恵子先生に相談し，Ａさんに合うカラーレンズを作ってもらいました。そのカラーレンズを入れたメガネをかけるようになってからは，苦手だった本が読めるようになったのです。「1日に4冊も読めました！」と報告があったときには私も嬉しくなりました。それは近視の方がメガネをかければ遠くのものが見えるようになるという現象と何一つ変わりません。まぶしさを軽減させるために光の透過を抑えるレンズのメガネをかければ困難が解消され，よく見えるようになるのです。環境を整えることの大切さを感じたエピソードの一つでした。

　Ａさんはスケジュール管理が苦手でもありました。大学入試の共通テストの配慮申請のとき，「次までに申請用紙を作成してきます」と持ち帰ったので，自分でできるだろうと思っていたのですが，申し込み直前に進捗を確認してみると，申請用紙は持ち帰ったまま鞄の中に入っていて，危うく申し込みしそびれるということがありました。すっかり失念していたようで，悪気なく忘れてしまうということがわかったと同時にハラハラした出来事でした。その後，申し込みは担任や進路指導教員，スクールカウンセラー（SC）をはじめ，多くの方の協力のもと，どうにか期日に間に合い，無事特別配慮を得られました。Ａさんは今では大学でいきいきと学んでおり，好きな学問に励んでいます。あのとき申し込みができていなかったら，Ａさんが望むような受験環境で試験できませんでしたし，今の姿はなかったかもしれません。

　このような関わりをするたびに思うのは，彼らは少しの支援や配慮があるだけで，自分自身で困難を克服して，自分の人生を歩んでいくということです。Ａさんは，高校3年生の9月に大学入試での特別配慮申請を通して体験したことを，当事者目線で同学年を対象に「障害と進学」というテーマで発表しています。その時の質疑応答では「特別な配慮申請ではなく，受験生全員が個々人にあった試験の受け方を選択できるようになるのが理想」との声がありました。周りの理解が得られ，Ａさんはとても嬉しそうでしたし，そのような空気感に私自身心温まる時間になりました。

●学校でのサポート体制

　本校では高校2年生を対象に「ともにいきる」という課題研究の授業をしています。筑波大学は 11 の附属学校があり，そのうち5校は視覚，聴覚，知的，肢体不自由，自閉症の特別支援学校です。各校との交流や講義から障害を学び，人は多様か，グラデーションであること，そして多様な人々がともにいきるとはどういうことかを一緒に考える講座を開講しています。そこでは発達障害や吃音，LGBTQ等，マイノリティとして区別されがちな，生きにくさを感じている方々からも話を聞き，多様な人の存在を理解し，これからの未来がどうあるべきか探究しています。

　連動して，本校の図書館では，「ともにいきる」の関連図書を「早貸文庫」と名付けた本棚に設置しています（写真）。多様な人の存在をリスペクト（尊重）していくことにもつながりますし，学校の雰囲気を温かくしてくれる場所のようにも感じています。さらに，SC とも連携をして中学1年生対象に「相談室訪問」の実施をしています。グループごとに相談室に訪問しボードゲームをしたり，SC とゲームをして遊んだりして，全員が相談室の場所を知り，SC の人柄に触れる取り組みです。何かあった時に「そういえば SC がいたな，あの場所が相談室だったな」と思い出せるきっかけになればと思って行っています。

　本校で過ごす中学高校の6年間は，心も体も揺れ動き成長する激動の時期で，時には不安定になり，思いつめることもあります。そんな時期に，それぞれの違いを受け入れ，もしものときにはいつでも駆け込める場所がある，話をできる人がいる，という心理的安全が保たれる環境を子どもたちがもてることはとても重要で，私自身が大切にしていることです。

(早貸 千代子)

写真　本校の図書館にある「早貸文庫」のコーナー

Column

得意を生かした放課後等デイサービスでの取り組み

●事業所の紹介

　筆者が所属する法人は徳島県にあり，主に知的障害や発達障害のある方の幼児期の早期療育から成人期の就労支援に携わっています。その中に放課後等デイサービス事業所が2つあり，小学生を対象にしている事業所と中・高生を対象にしている事業所があります。令和5年度では当事業所の66%の利用児が全日制高校や中学校の通常級に在籍し，大学進学を目指す子どもが増加しています。

　事業所では，自分の障害特性を理解しながら，どう付き合っていくかという「自分についての本」作りを小学校高学年から行い，中学生以降はライフステージに応じてその内容をアップデートしています。

●「自分についての本」と部活動

　「自分についての本」は，障害特性だけではなく，強みと弱み，その対策や興味のあることなど，自身を知っていくために作成しています。自己理解を深めた上で，事業所の中で取り組む部活動を選択しています。

　学校にも部活動はありますが，集団活動や人間関係の煩わしさから興味のある活動を継続することが難しい子どもが一定数います。そのため事業所内での部活動では「興味のある活動をすること」に重点を置いています。

　現在事業所にあるのは，スポーツ部，音楽部，美術部，クッキング部，農園部，数学部で，それぞれが月に1回くらいのペースで活動しています。2Eの子どもたちの中には，楽器演奏や声楽など芸術に秀でた才能を持つ子や，中学生でも高校3年生程度の数学検定などに挑戦する学力に秀でた才能を持つ子がいます。みんながそこで，各自が自分のペースでやりたいことに挑める環境を作っています。自分の好きな活動になると，目的や意味が明確になるからか，

第5章　ギフテッド・2Eの子どもたちへの支援　**81**

苦手なことにもチャレンジする機会となるようです。

●探究活動に取り組む

近年の大学受験ではポートフォリオといって，部活動や研究活動，ボランティア活動などでどのような成果を上げ，またどんな役割を果たしたのか，何を学んだかなどを書類にまとめて人柄を見る入試方法も増えてきています。学校外の活動でも良いため当事業所では子どもたちが興味のあることや社会における課題をテーマに1年間探究活動を行っています。

大学生になるとグループワークや探究活動，その成果をプレゼンテーションすることは必須となっています。当事業所ではそういった活動に中・高生のうちから取り組むようにしており，プレゼンテーションを地域の大人や障害のない同年代に聞いてもらう場を設けています。

今まで取り組んだ探究活動はLGBTやフードロス削減，運動における格差を減らすための活動などがテーマで，高校生が中心となり活動内容を考えて取り組みました。

●2Eの子どもたちと関わるとき

2Eの子どもたちは，本人の得意なことと障害特性のギャップが大きく，生活場面において苦しむ姿が見られています。例えば，学校の授業が簡単すぎて退屈で課題を提出していないことから内申点が低い子どもや，本人の興味に沿った活動をしている最中，興奮するあまり感情のコントロールが難しくて衝動的に不適応な行動を取ってしまい後悔をする子など，得意と苦手のギャップの大きさによる二重の苦しみを感じている子どもも少なくありません。知能が高いだけでなく，自身の障害特性に対する理解もできているがゆえに，自分の上手くいかなさに失望してしまう姿も目にします。

筆者たちができることは当事者に「興味や才能のあることを突き詰めて伸ばしていって良いんだよ」と背中を押してあげること，その活動に伴走する中で少しずつ本人の苦しみを軽減する方法を提案し一緒に乗り越えていくことだと感じています。

（篠原 里奈）

[4] 高等教育機関での支援
——大学への移行の視点から

Point
⊙大学では，学生サポートとして「学生相談」と「障害学生支援」の2つの機能を有している。
⊙高校と大学の環境の違いに留意する。
⊙大学移行時に伴う困難さからくる不適応を予防するための取り組みとして高大移行支援が注目されている。

1. はじめに

　我が国の大学入試においては，総合型選抜や学校推薦型選抜の推進に加えて，障害の有無を含む多様な背景を持った者を対象とする多様な受験機会・選抜方法も整備されつつあります（文部科学省，2021）。そういった社会状況から，ギフテッドや2Eの子どもたちにとって高等教育（以下，大学）の入口段階では柔軟な受け入れ方法が構築されているといえます。他方，入学後のサポートは十分ではない現状があります。大学での専門教育は，ギフテッドの認知・行動特性を踏まえると相性がよいと考えられます。一方で，得意・不得意科目に大きな凹凸がある場合は，専門課程に進む前の段階でつまずきやすい側面があると思われます。何より大学環境自体への適応の困難さが多くの専門家から指摘されています。

　本稿では，主にギフテッドや2Eの学生が大学で利用できる学生サポートや合理的配慮について概説します。高大ギャップに伴う困難さや大学移行支援の取組みについても紹介したいと思います。

第5章　ギフテッド・2Eの子どもたちへの支援　　**83**

2．大学における支援

　多くの大学では学生サポートとして，「学生相談」と「障害学生支援」の2つの機能を有していると思われます。前者は従前より普及している学生支援機能で，公認心理師や臨床心理士などカウンセラーとの対話を中心とする心理相談，カウンセリングを通して，学生の心理的援助を行います。学生相談の対象は，学生生活で困り事を感じているすべての学生となり，診断のないギフテッド学生にとって利用しやすいリソースと言えます。大学生活で困った時は学生相談を利用することを検討すると良いでしょう。

　他方，障害学生支援は障害者差別解消法（2016年4月施行）を法的根拠として，何らかの社会的障壁を感じる障害学生を対象とし，社会的障壁の除去（＝合理的配慮の提供）を目的とした本人の周囲にある教育環境へのアプローチが中心となります[1]。例えば，聴覚過敏があり授業に集中できない場合にはノイズキャンセルヘッドホンの着用許可，スケジューリング管理の苦手さがある場合にはレポート提出期限の延長を認めるなど，本人の機能障害に起因する社会的障壁（大学環境側にある社会的障壁）を解消あるいは可能な限り小さくしていくものです。2024年4月に障害者差別解消法が改正され，国公立・私立といった大学種別に関係なくすべての大学において合理的配慮の提供が義務づけられるようになりました。支援体制の拡充，大学間の格差について改善が期待されています。適切な合理的配慮を受ける際には，医療的診断や心理所見などの根拠資料が求められるだけでなく，原則学生自身の意思表明を必要とします[2]。ギフテッドや2Eの学生に対して，高校以前から相談スキル向上のためのサポートや，支援へのアクセシビリティを高める環境の構築が求められるでしょう。

1）　なお，合理的配慮の提供は学生支援の文脈で認識されやすいですが，法律の趣旨を考えると権利保障やコンプライアンスの文脈でとらえることが適切と思われます。

2）　コミュニケーションの障害等により意思表明が困難な場合は，家族・支援者など第三者が本人をサポートして行う意思の表明も含みます。

3．大学移行時に伴う困り事

　ここでは２Ｅの学生に焦点を当てて，初年次に生じる困り事について考えたいと思います（なお，２Ｅの学生が抱く困難さの中にはギフテッド学生についても該当する内容も含まれると考えています）。

　まず高校と大学の環境の違いとして，そもそも教育システムや制度が異なります。成人扱いとなり，法律の保護規定も大きく変わり，責任の主体が保護者から学生本人に移ります。自由度のある環境で，主体的かつ自律的な学習や生活が求められるようになります（諏訪・稲月・望月, 2020）。２Ｅ学生は，新規場面や自由度が高い環境は苦手と考えられますので，大学は社会的障壁のある環境と言えます。本来有する対人スキルが活かせないだけでなく，認知や感覚の問題も相まって，高校までと異なる環境での学習が困難になってしまうかもしれません。

　大学では授業や学習は構造化されておらず，特にグループワークやディスカッション，発表などでは緊張や不安から自身の力をうまく発揮できないこともあるようです。クラスの枠組みなども自由度が高く，所属クラスや特定の担任のような存在もなくなります。時には得意な才能があるがゆえにグループワークなどで周囲とのバランスをとることが難しい場合もあるようです。そのため人間関係を構築することへの困難さや，情報を取得する際の困難さ[3]を抱えやすいと考えられます。なお，これらの困難さは単一で現れるというものではなく，複数が関連して生起することもあります。その分，不全感や困り感は高まっていくことでしょう。

　以上から，特に２Ｅの学生は高校から大学への移行により大きな困難を抱えやすいと言えます。大学環境の社会的障壁の高さから，大学が求める教育水準に応えられない状況が続くと，ストレスや精神的疲労から二次障害につながる可能性も高まります（図5-3-1）。このような事態を予防・支援するため

3）　試験や授業に関する重要な情報を大学教員は具体的に伝えることをしない場合も少なくないので，特性のある学生には，はっきりと伝わっていない場合があります。また，わからない場合は能動的に質問をして情報を取得することが求められますので，その点でも困難さを抱えやすいと思われます。

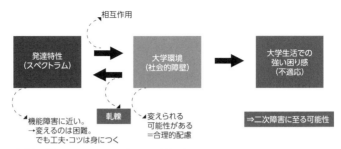
図5-3-1　大学環境における困り事との考え方

の1つの対策として、高大移行支援の取り組みが注目されています。高等教育アクセシビリティプラットフォーム事業（Higher Education Accessibility Platform：HEAP[4]）と連携し、筆者の所属する大学で実施しているプログラムを次項で紹介したいと思います。

4．大阪大学プレキャンパス・プログラムの実践

(1) プレキャンパス・プログラム構成の工夫

　本プログラムは、大学に進学が確定している発達障害のある高校3年生と既卒生を対象として、大学入学直前の3月に実際の大学施設を利用して行う大学移行支援です。プログラムは1日構成で、講義・グループワーク・体験ワークを設定して、大学生活に近い体験ができるように工夫しています。入学直前に実施することで具体的なイメージを持てること、入学後に活かしやすいことをねらいとしています。講義部分は保護者や支援者にもWebで同時配信をし、関係者にも大学生活の実際や支援についての理解・啓発を行うようにしています。

(2) プログラム内容

　前半は講義が中心となり、知識の伝達を行います。具体的には、自己理解や

4）　HEAPサイト　https://www.assdr.kyoto-u.ac.jp/heap/　（2024年8月30日）

セルフ・アドボカシー，合理的配慮，高校と大学の違いなどの内容が含まれます。その後，大阪大学アクセシビリティ支援室（障害学生の支援部署）を利用する先輩学生から授業の困り事への対応を体験談として話してもらいます。支援部署とつながるメリットについて，先輩から参加者に伝えることは，身近なロールモデルにできるという機能もあり，非常に有意義だと思われます。

昼休みの時間帯はあえて構造化しない形で設定し，最低限のアナウンスのみ行います。これは，学生が自由時間をどのように過ごすかを観察するねらいもあります。休憩時間では個別性が顕著となります。大学についての質問や相談をする者もいれば，机に突っ伏して過ごす者，他の参加者とコミュニケーションを取る者，など多様な様子が見られます。この時間帯を設定することにより，筆者を含むスタッフは，ステレオタイプな参加者への見立てが修正されるような経験も数多くしています。

後半は，まず前半の講義内容をグループワークで深めます。参加者同士がチーム対抗となり，クイズ形式で楽しみながら振り返り，参加者同士の交流が深まることも意図しています。そして最後のプログラムでは，どの学生にも社会的障壁となりやすい履修登録ワークを行っています。このWeb履修システム体験では実際に作業を行えるため，講義でやり方を情報として伝えるよりも効果があると考えています。

5. おわりに

高校から大学への移行は，どんな学生にとっても大きな変化になりますし，混乱は大小生じると思われます。そしてギフテッドや2Eの子どもたちはその影響をより受けやすいことは明らかですが，うまく適応できればその才能を伸ばせる機会を得ることができるでしょう。D&I（ダイバーシティ＆インクルージョン）の大きな流れがある中，大学側には，多様な人材を価値としてとらえ，個別の学生サポートや合理的配慮の視点だけでなく，大学全体のインクルーシブな風土を醸成するという視点が求められていると思います。

(望月 直人)

文献

文部科学省（2021）．令和 7 年度大学入学者選抜実施要項の見直しに係る予告　文 部 科 学 省 Retrieved from https://www.mext.go.jp/content/20210729-mxt_daigakuc02-000005144_3.pdf（2024年 8 月25日）

諏訪 絵里子・稲月 聡子・望月 直人（2020）．自閉スペクトラム障害のある大学進学予定者への移行支援プログラムの実践　高等教育と障害, 2(1), 14-23.

［5］ 海外での支援

> **Point**
> ⊙欧米ではギフテッドの教育には，早修と拡充がある。
> ⊙才能をもつ人だけに特化した教育ではなく，子ども一人ひとりがも
> つ教育的ニーズに応じた教育が目指されている。

1．早修（acceleration）と拡充（enrichment）

　欧米では，ギフテッドへの支援は特別支援教育の枠組みの中で行われており，主に早修（acceleration）と拡充（enrichment）があります。早修とは，上の学年の学習を先取りして学んだり，暦年齢の学年よりもさらに上の学年で学んだり，小学生が飛び級で中学や高校や大学に入学するなどの学び方を指します。拡充とは，基本的にすべての子どもを対象として教育を行います。具体的には，通常の学校において課題探究型の授業を通して，授業では扱わないようなより専門的な内容に踏み込んだり，問題解決能力や批判的思考力，理論的思考力などを養ったりします。その他にも，休日などを用いて行う学習活動や数学や物理学のコンテストへの参加なども該当します。こうした拡充教育は，特定の才能のある子どもだけを集めて行う教育とは異なり，どの子どもにもある潜在的（学習）能力を開発し伸ばす，といった点においてとても優れています。

　かつて欧米では才能教育が行われていた時期がありました。ところが，才能のある子どもを集めて教育を進めた結果，経済的に恵まれない家庭のギフテッドの子どもが置き去りになったことが問題視され，現在ではすべての子どもに潜在的才能があるとして，それらを伸ばす教育を行っています。結局のところ顕在化された才能をもつ子どもは，ある一定程度以上の恵まれた家庭環境にある人が多いためです。こうした反省から，才能のある人を集めて教育を行うの

第5章　ギフテッド・2Eの子どもたちへの支援　*89*

ではなく，拡充といったすべての子どもを対象とした教育が広く行われています。

2．欧米でのギフテッド教育の取り組み

　欧米でのギフテッド教育は前述のように早修と拡充からなりますが，国ごとに特色があります。例えば，ノルウェーはインクルーシブ教育の枠組みの中でギフテッドを位置づけて教育を行っていますが，ギフテッドという言葉ではなく「高い学習潜在能力」，「並外れた学習潜在能力」という用語を用い，可能性を高めるための促進が必要として教員養成段階でギフテッド教育を学ぶことができます（是永, 2023）。なお，アメリカも州によってギフテッドの認定基準が異なりますし対応も様々です。

　共通しているのは，才能を持つ人だけに特化した極端な教育は行われていないということと，早修と拡充をうまく組み合わせ，子ども一人ひとりがもつ特別な教育的ニーズに応じた教育がなされているということです。

（片桐 正敏）

文献
是永 かな子（2023）．北欧におけるギフテッド教育の現状，LD研究, 32(4), 250-258.

Column

思春期の苦悩と自らの学びの確保について

　私は，現在，アメリカのアリゾナ州立大学（ASU）でバイオメディカルサイエンスを専攻しています。

　私は９歳頃より，平易な言葉に変換しないとクラスメイトに伝わらない苦しさを感じ始め，また自分の興味関心がクラスメイトと大きく異なるがゆえに，少しずつ学校がつまらなく感じるようになりました。中学に上がれば心が躍るような，あるいはもっと難しいことを学べると思っていた私は，実際に中学に上がると，期待していた学習内容との落差から，入学して１か月で夜に眠れなくなり，３か月後には自死を考えるほど心身に不調を来すようになりました。

　会話の内容や語彙，学習内容を他人に合わせなければいけないこと，最適な学習進度かつ，できるかどうかわからない程度の難易度の問題を定量的かつ継続的にこなさなかったことが不調の原因だと思います。

　私は小学生だった当時から，断続的に新しい知識や知見を頭に入れることが当たり前で，そうすることで毎日が充実していました。しかし中学以降，クラスメイトに合わせるために新しい知識を学ぶことを意識的に一切止めてしまいました。学びたいのに，学べない。そのような状態を自ら作り出してしまったのです。

　私立中学を受験していればこの現実は少し変わっていたかもしれませんが，私立中学進学という選択肢を知ったのは小学６年の12月でした。県内の女子が行ける最も偏差値の高い学校の模擬試験を買って解いてみたところ，各教科９割以上の点数を取れていたのですが，完璧主義で，少しでも失敗する可能性があるなら怖くて受験したくない，と考えてしまった私は無試験の地元の中学に進学することになったのです。

　余談ですが，私はこの経験から少しでも成功する可能性があるなら挑戦する選択をするようになりました。

第５章　ギフテッド・2E の子どもたちへの支援　**91**

学びたくても学ばない，学べない状況に慣れてしまった私は高校受験で苦労しました。覚えるべき内容が頭に入っていかないのです。もう学んでいいのだ，と自分に何度言い聞かせてもうまくいきませんでした。その結果，私は第2志望の高校に行くことになりました。

　第1志望の高校は私が小学6年の時に模擬試験で9割を取った中学校の系列校でした。また，当時服用していた薬によって，塾の授業中や学校で頭がぼんやりとしていたことも受験勉強の阻害となっていました。

　高校に進学する前，当時のかかりつけ医の「高校に行けばもっと楽しいことが勉強できますよ」という言葉を真に受けていた私は，高校に進学後，地元の中学進学時とまったく同じ絶望を味わいました。勉強がまったく楽しくないのです。

　その後1か月で高校に行けなくなり，翌年の6月頃まで休学した後，7月から通信制高校に再入学しました（復学する条件として高校から必要な書類を要求されたので提出したのですが，結局，休学の延長か自主退学しか選択肢が与えられなかったためです）。

　再入学後，学習意欲，自尊心を失っていた私ですが，新しい高校で私を認めてくださる先生や今も繋がりのある大切な友人たちに出会うことができました。

　その後，少しずつ意欲を取り戻し始め，高校の行事などを楽しむ余裕も出てきて，勉強にも取り組めるようになってきました。しかしこれまでの経験から日本の学校に進学するのが不安だったことと，父の急逝なども重なり，受験勉強における競争が嫌になってしまったため，海外の大学への進学を考え始めました。

　海外の大学は優秀な学生に様々な機会を与えているイメージがあったことや，プレメド（メディカルスクールに進学する前段階の学部生）はインターンやボランティア，研究などで忙しそうにしていることも魅力に感じていました。そ

して進学できる可能性があるなら挑戦したいと思ったのです。

　同年齢から2年遅れて高校を卒業してから数年後，オンラインで生物やゲノム等が学べる学部があるASUに入学しました。

　ASUに入学する前の数年の間に自分の特性を知るためのテストを受けました。その結果から自分に合った学びをしなければならないと強く思うようになりました。

　ギフテッドのためだけのものではありませんが，ASUにはBarrett programと呼ばれるGPAあるいは課外活動などで基準を満たした学生向けのプログラムがあり，その学生のためだけのインターンシップ，研究，ユニークなカリキュラムが用意されています。興味のある分野の教授と一緒に研究したり，その過程で興味が近しい友人に出会える可能性が高まるので，学びたい分野や研究したい内容がある程度決まっている学生にとってはとても恵まれた環境です。

　他にもAccelerated programと呼ばれる熱心な学生に提供される，通常の学位取得コースと同じ質の高いカリキュラムで学びを進めることで，短期間で学士あるいは学士と修士の両方を取得することができるプログラムがあります。

　2023年秋現在，私はBarrett programに合格しましたが，諸事情でASUを休学しており，そのプログラムの恩恵を受けることができていませんが，自分の関心のある分野の先生に研究の手技などを教えていただいています。大学のプログラムではないものの，少しでも研究に携わっていることで知的欲求や好奇心を満たされており，自分らしく過ごせていると実感しています。

　この本の読者の中には，私と同じように学校での勉強や進学などで悩んでいる方がいらっしゃるかもしれません。

　でも，あなたを信じてくれたり，認めてくれたりする人や環境は必ずあります。

　諦めずに，どうか，生き抜いてください。

（泊岩 水月）

Column

保護者の立場から

　私は 2023 年までスイスのチューリッヒ州で，現地の小学校に通う子ども 2 人を育てていましたが，長男が小学 4 年生に進級してから小学校での問題行動が目立つようになり，専門家による検査の結果，ギフテッドだということが判明しました。専門家の報告を受けて学校は子どもと教師への支援体制を整え，最終的に子どもも落ち着きを取り戻しましたが，そこに至るまでは紆余曲折がありました。

　子どものギフテッドネスが見出され，それに適した学習環境が構築されるまでの経緯と，それを支えるチューリッヒ州の制度について紹介します。

　長男は 4 年生に進級後，宿題をやってこない，授業中に机の下に潜って先生の話を聞かない，グループ作業に参加しないといった問題行動が見られるようになりました。

　この時点では子どもがギフテッドだということは親も教師も想像もしていなかったため，まずは宿題の内容を親と教師で共有し，家庭で確実に宿題を終わらせるといった対応をとりました。これは実のところギフテッドの子どもには逆効果で，通学中は子どもの問題行動が悪化し，休暇に入ると改善するという状態でした。

　その後も状況悪化が続き，クラスでの授業にも支障が出てきたため，4 年生が終わる時期に親，担任，校長の 3 者間で話し合いを持ち，子どもを学校心理サービス（SPD：der Schulpsychologische Dienst）[注1] で診てもらうことになりました。学校心理サービスは学校とは独立した州政府機関で，所属する心理士が専門家の立場から生徒，親，学校に助言を行います。また心理士が必要と判断した場合には心理検査を行い，その結果として生徒に ASD や ADHD，

94　第 II 部　特別支援教育のはざまにいる子どもたちへの支援

ディスクレシアがあることが判明することもあります。我が家の長男の場合には，ここで知能検査・心理検査などのアセスメントを受け，ギフテッドであることが判明しました。

　小学校は心理士からの報告を受け，長男を試験的に1学年上のクラスに編入させる計画を作成し，心理士，親の合意の上で実施しましたが，残念ながら，これは失敗に終わりました。算数などは上の学年のクラスでも簡単すぎる一方で，ドイツ語，英語，フランス語などは授業についていくのが難しかったためです。小学校には特別支援教育を担当する教員（SHP：Schulische Heilpädagoginnen/Heilpädagogen）が配置されており，長男の語学授業に関しても SHP がサポートをする予定でしたが，人数が限られていることもあり十分な支援を行うことが難しかったようです。
　そこで元の4年の別クラスに編入させるとともに，一部の授業でCompacting と Enrichment を実施することになりました。Compactingとは学習時間や取り組む課題を圧縮することで，例えば通常は10問の計算問題を解くという課題がある場合，最初の数問を解いた時点で本人が「十分理解した」と思えば残りはスキップすることを認めます。Enrichment は本来よりも深く広い課題に取り組むことで，教師が通常の課題に加えて用意した難題に取り組みます。
　これが功を奏し，長男は落ち着きを取り戻しました。

　ギフテッド教育に関するチューリッヒ州の制度は，次の点が特徴的だと思います。
　まず特殊教育に関する政令 (注2) で「通常クラスでは十分な学業支援ができない場合，特別な教育の必要がある」と定められていますが，特別な教育が必要となる例として，発達障害だけでなくギフテッドも明示されていることです。そのためギフテッド教育に関しては現場の努力に期待するだけでなく，教育制度上の保障があります。

第5章　ギフテッド・2E の子どもたちの支援　　**95**

また学校心理サービスという学校から独立した政府機関があることで，親と学校が対立するような事態が避けられ，学校も専門的な知見を生かした対策をとることができます。

　最後に，心理士から私と学校関係者に伝えられた助言で，忘れられないものがあります。それは「子どもが問題行動を起こした場合，問題行動を止めようとするのではなく，まずは原因を探る必要がある」という言葉です。
　例えば，子どもが宿題をやってこなければ，親や担任としては，どうやって子どもに宿題をさせるかを考えてしまいがちですが，息子のケースのように強制的に宿題をさせると逆に事態を悪化させることもあります。
　忙しいと，つい目の前の問題を片付けることに意識が向きがちですが，時には一歩引いて事態を見直し，専門家の助言を仰ぐことも必要だと痛感しました。

(鈴木 一生)

注
1　Kanton Zürich: Schulpsychologie
　https://www.zh.ch/de/bildung/schulen/volksschule/volksschule-besonderer-bildungsbedarf/schulpsychologie.html（2024年 8 月 1 日）
2　Verordnung über die sonderpädagogischen Massnahmen (VSM), Abs.1 § 2
　https://www.zh.ch/de/politik-staat/gesetze-beschluesse/gesetzessammlung/zhlex-ls/erlass-412_103-2007_07_11-2008_08_18-109.html（2024年 8 月 1 日）

第6章

境界知能の子どもたちへの支援

　第6章では，境界知能の子どもたちの支援について，エピソードを交えながら紹介します。第5章と同じく，主に学校などの育ちの場での支援を中心に書いていきますが，子育ての中で大切にしてほしいポイントについても説明しています。本章に書かれていることは，そのラベルがついていなかったとしても広く支援ニーズのある子どもたちにあてはまることだと思っています。また，支援の実際がわかりやすいように，最前線で実践されている教員や支援者にコラムを書いていただきました。

［1］　幼児期・児童期における支援

> **Point**
> ⊙「頑張ってもできないこともある」と理解する。
> ⊙苦手なことを頑張って特訓させない。
> ⊙自分に合った方略や対処方法を周囲の人と一緒にみつける。

1．やればできる!?

　これまでも述べてきたように，境界知能といってもいろいろなタイプの子どもたちがいます。そして，特に行動上の問題が少ないタイプの子どもたちは，支援の必要性に気づかれることが少なく，「頑張れ！」という言葉をたくさん浴びながら，育っていくことになるでしょう。

　赤木（2021）は，子育てにまつわる様々な「思い込み」のことを「ノロイ」と呼び，様々なノロイを紹介しています。その著書の中に「『やればできる』のノロイ」という章があります。赤木は，「『やればできる』は子どもを励ます言葉であり，よい印象を与えます。しかし，『やってもできない』場合，そのメッセージがノロイに化けます」と述べています。この赤木の指摘は，すべての子にあてはまることだなと感じる一方，境界知能の子どもたちの場合には，さらに起こりやすいこととして注意する必要があると思われます。

　境界知能の子どもたちは，他の人よりも理解が難しい学習も，時間をかければ少しずつ理解ができるようになってくることがあります。そうすると，大人は「やればできる」と声をかけたくなります。しかし，「やればできる」という言葉の裏には，「今まではやらなかったからできなかった＝努力不足」というメッセージが見え隠れするのです。そのため，「やればできる」と声をかける前に，まずは努力していることを認めることが大切だと思われます。

98　　第Ⅱ部　特別支援教育のはざまにいる子どもたちへの支援

2. 学習支援の基本

　境界知能の子に限らず，学習に困難さが大きい子は，学習性無力感と呼ばれるような状況に陥っていることも少なくないでしょう。そのため，学習支援を始める前に，子どもが自分の「できること」を意識できるようになることが大切だと思われます。

　また，第4章でも述べましたが，ワーキングメモリの弱さがある境界知能の子もいます。ワーキングメモリと学習の関連については近年研究が進んできており，わが国でもワーキングメモリに配慮した具体的な学習方法を紹介する図書がたくさん出版されています。具体的な支援方法はそれらの著書に譲りますが，ここでは支援に対する考え方の基本を示しておきます。

　河村（2021）は，「ワーキングメモリについて知る」ことの大切さについて触れています。みなさんもなんとなく「見て覚えておくのは苦手だな」とか，「聞いて覚えるのが苦手だな」と思っても，それが他の人と比べてどのくらい苦手なのかを考えることはあまりしないのではないでしょうか。このように普段はあまり考えないことですが，「覚えておくのが苦手」な場合にこそワーキングメモリについて知っておくことは非常に意味があると思います。自分のワーキングメモリの特徴を知ることで，「みんながやっている」やり方ではない，自分なりの覚え方や対処方法が見つかることもあるからです。

　筆者も，子どもたちと算数や国語の問題に取り組みながら，学習方法についてよく話をしています。特に，うまくできた場合には，どんなふうに学習したかを詳しく聞いています。ワーキングメモリに関してだけではありませんが，自分の学習方法について見直し，どんな方法が自分に合っているかを整理することは大切だと感じています。

（小倉 正義）

文献

赤木 和重（2021）. 子育てのノロイをほぐしましょう──発達障害の子どもに学ぶ──　日本評論社

河村 暁（2021）. 教室の中のワーキングメモリ──弱さのある子に配慮した支援──　明治図書出版

Column

通常学級での境界知能の子どもたちへの支援

　筆者は公立小学校の教諭として，県の特別支援教育巡回相談員をしていました。県内の小学校からたくさんの相談依頼があった中で，通常学級在籍で学習面や行動面で困難な状況にある児童の大多数が境界知能の児童でした。本稿では，相談員として様々な児童の支援に携わってきた経験を踏まえ，筆者自身が第３学年の学級担任として，境界知能をはじめ支援を必要とする児童たちに行ってきた実践を紹介します。

●児童理解のためのアセスメントの充実

　まずは，支援対象の児童を理解するためのアセスメント・情報収集を充実させることに重点を置きました。年度はじめには「校内引き継ぎシート」や「個別の指導計画」，「個別の教育支援計画」に目を通し，児童の特性や困難さ，有効だった支援法についての情報を入手しました。発達検査などのデータは，児童の特性理解や支援方法を決めるうえで特に参考にしました。

　日常の学習や生活場面での行動観察でも，児童の些細な行動の変化やつぶやきを見逃さないよう，常に児童の声に耳を傾け，会話をし，ともに活動することで実態把握に努めました。

●ユニバーサルデザインの学級環境づくり（基礎的環境整備）

　アセスメントの次は環境づくりです。すべての児童が落ち着いて学級生活を送ることができるよう，シンプルでわかりやすい学級環境づくりに努めました。教室前面の掲示物はできるだけ少なくし，学習や生活に必要な情報だけにしました。係や当番，清掃分担等の掲示物は視覚的にわかりやすい表の形式にして，教室の側面に掲示しました。

　また，活動の手順やルールなどもわかりやすく視覚化して提示し，教室移動

100　　第Ⅱ部　特別支援教育のはざまにいる子どもたちへの支援

や行事の際の並び方も，特別な場合を除き，年間を通して統一しました。

●授業場面における合理的配慮

　当然ながら，授業を進めるうえでもその児童に応じた合理的配慮が大切となります。まず，様々な児童の特性に配慮して，わかりやすい授業とする工夫に努めました。指示や説明を行う場面では，口頭だけでなく板書も併用して手短に伝えました。特に重要な事柄については，ホワイトボードを活用して目立つように提示しました。伝える内容ごとに板書の境目に区切り線を入れると，さらに伝わりやすくなります。

　学習支援では，視覚，聴覚，触覚，運動感覚等の様々な感覚を使った漢字学習や，マス目のはっきりしたノートやワークシートを活用した筆算の学習を取り入れたり，課題解決のヒントカードや手順表を活用したりして，児童が「わかった」，「できた」と感じられるよう工夫しました。

●学級のみんなで支え合える仲間づくり

　学級における支援者は担任教師だけではありません。児童一人一人がお互いに支え合う支援者になることができるよう，思いやりのあるあたたかい仲間づくりに努める必要があります。

　年度はじめの自己紹介の際には，自分が学級のために発揮できる力（得意なこと）と，困ったときに助けてほしいこと（苦手なこと）を全員で発表し合いました。互いの「強み」と「弱み」を理解し合うことで，学級生活の中で助け合い支え合う「お互い様文化」が生まれました。また，自分の得意な力を活かして学級のために貢献し，認め合うことで，児童の自己有用感と学級への所属感が高まりました。

●集団支援からの個別支援

　通常学級には，少しの支援で学習や生活ができやすくなる児童がたくさんいます。ユニバーサルデザインの学級環境づくりをすることで，落ち着いて学習

したり生活したりできる児童が増え，担任教師にも密度の濃い個別的支援を必要としている境界知能の児童に関わる時間的・心理的余裕が生まれました。さらには，児童同士で支え合う仲間意識も高まり，すべての児童にとって居心地のよい学級になっていきます。それらの好循環を推進していくことが，ひいては通常学級の中で境界知能のある児童を支援することにつながるのです。

(寺内　壽)

［2］　思春期・青年期における支援

Point
◉学校段階や学校・先生による環境や教え方の違いに対応する。
◉定期テストに対応する方法を考える。
◉「勉強が苦手」なことによる悪循環を断ち切る。
◉自分に合った進路を自分で選べるような環境を整える。

１．中学校・高校のシステムに慣れるために

　中学生になると，小学生の頃とは学習の進め方が変わります。学校や自治体によっても異なると思いますが，筆者がいくつかの地域で見てきた，おそらくある程度は全国に共通する小学校と中学校・高校との違いをいくつか挙げ，その違いに関連する支援の在り方について説明します。

⑴　教科担任制への対応
　小学校から中学校にあがると多くの地域で学級担任制から教科担任制になります。教科別で授業担当教員が異なることは，境界知能の子どもたちにとって，ポジティブとネガティブの両方の影響がある可能性があります。ポジティブな影響としては，教科別で担当教員の教え方が異なることで，自分に合った学習方法が見つかることが考えられます。しかし一方で，ネガティブな影響として，教科を通して同じやり方で統一されていないために混乱してしまうことが考えられます。先生の教え方が自分の特性とは合わないやり方だと，その教科を必要以上に苦手だと思い込んでやらなくなってしまうといったことが起こりがちです。
　中学校になって教科担任制になった時も小学生の頃から本人がどんな方法で

第６章　境界知能の子どもたちへの支援　　**103**

学ぶとうまくいくかがわかっていれば，先生の教え方と合わない場合に自分で学習を進めることができます。また，中学生になった時点でまだ自分に合ったやり方が見つかっていない場合には，本人が得意と感じている教科での学習方略を読み解き，苦手な教科でもあてはまるような方法を考えていくことも有用でしょう。

(2) 定期テストへの対応

　次に，中学校や高校には定期テストがあります。小学校の時もテスト勉強がないわけではありませんが，中学校や高校の定期テストになると，一日でテスト勉強を終わらせてしまうことが難しい場合が多いでしょう。そのため，定期テストまでの勉強のサポートが必要です。すべての学習を一通りできればよいのですが，テストが始まる前にすべてのテスト範囲を終わらせるのは難しい場合もあります。自分だけで目標を定めて学習するのが難しい子も多いので，少なくとも初めのうちはテスト勉強の進め方（プランニング）のサポートが必要でしょう。テスト範囲を計画的に学習できるようにテスト前の一定期間（例えば1週間）のプランを立て実行できるようにサポートするのです。その際，子どもによって，テスト範囲をすべて学習することが目標になる場合や，その期間でできそうな範囲を学習することが目標になる場合など，様々なケースを想定しておくことができるとよいでしょう。

　また，中学校や高校のテストは問題用紙と解答用紙にわかれていることも多くなりますし，教科によっても作成者によってもその形式は様々です。実際に筆者が出会う子どもたちの中にも，テストの解答用紙に慣れずに，わかっていてもどこに解答を書いてよいかわからなかったというケースは少なくありません。こういう場合の対応として，テスト勉強の段階で本番と同じような形式で解く練習をすることも有用です。また，不注意さによる誤答が目立つ場合には，自分が間違えやすいパターンを発見することが大切です。「なんで見直ししないの！」「きちんと見直ししなさい！」と注意するだけでは，どうやって見直しをしてよいかわからず，結局テスト本番では見直しをすることなく終わってしまう子もいるでしょう。

　さらに，定期テストではありませんが，提出物についてのサポートも必要で

す。境界知能の子どもたちは，提出を求められた課題を終わらせるのに時間がかかることが多いことに加え，学習の苦手さから課題をすること自体を敬遠しがちです。そのため，結局テスト前に課題をひたすらやっていたり，課題を提出できずに終わってしまったりすることも少なくないでしょう。このことから，提出物は本人と話をして，可能であれば日時を区切って進捗を管理したり，〆切をテスト勉強など他の重要な予定と重ならない時期に設定したりするなどの工夫があるとよいでしょう。

2. 悪循環を断ち切る

　境界知能の子どもたちの中には，「勉強は好きじゃないし，できないけど，学校は楽しい」と感じている中学生・高校生もいます。そのような子どもたちは苦手なことを叱られたり責められたりすることが比較的少なく，よいところやできたところ，頑張っているところを他者から認められることが多かったか，自分の得意や楽しみを早い段階で発見できている場合が多いのではないかと思われます。そして彼らは，どこかで「自分は自分」「他人は他人」と思うことができていて，だからこそ「勉強ができない」＝「ダメな自分」とはならないのでしょう。

　一方で，中学生や高校生の中には，失敗体験を積み重ねたために，「勉強ができない」ことから，「何をやってもダメな自分」というイメージをもってしまっている場合も少なくありません。そのような状況ですと，勉強に向き合うことは自分の「ダメ」な部分と直面することになるので，勉強という言葉を聞くだけでイライラし，頑なに拒む子も少なくないでしょう。このような場合には，まずは本人ができること，自信が持てることを探していくことが大切です。とはいっても何かを無理にやらせるのではなく，まずは適応行動（やるべきことをやれていること）を褒めていくことから始めるとよいでしょう。

　このような場合は，学校での関わりはもちろんですが家庭での関わり方にも注意が必要です。親としても「テスト勉強を少しでも……」とか「課題だけは提出させたい……」と思うかもしれませんが，親が勉強に関して立ち入りすぎると余計に拒否的に反応してしまい，より勉強しなくなる場合がほとんどでは

ないかと思います。そのため，できるだけ「勉強をしなさい」というのではなく，まずは褒めるところから，そして，一緒に問題集や塾を選ぶ，自習できるスペースを確保するなど，勉強できる環境を整えることにエネルギーを注いでほしいと思います。

　また，苦手な勉強をする際には基礎基本から取り組むことは大切ですが，「自分はダメなんだ」と思っているタイプの子どもたちの中には，学年を戻って学習することがすぐには受け入れられないケースもあることに留意する必要があります。本人がその必要性を感じるまでは当該学年の課題でできることから取り組んでいけるとよいでしょう。

　さらに，「何をやってもダメな自分」を強く意識していて抑うつ感や無気力感が強い場合には，スクールカウンセラーや医療機関等の専門機関に相談することも考慮に入れていくとよいと思われます。

3. 進路の選び方

　中学校受験をする子どもたちも少なくありませんが，多くの子どもたちは，中学校から高校に入る時に進路選択をすることになり，それは境界知能の子も同様です。そのため，進路の選び方を支援することも重要です。

　例えば，全日制・普通科の高校を希望する理由として，「みんなと同じがいいから」と言う子どもたちがいます。ただ，すべての子どもたちが全日制・普通科で学ぶことに向いているわけではありません。そのため，高校の進路を決める際には，実際に高校でどんな生活を送っているかのイメージをもてるようになることが大切です。全日制・普通科だけでなく，専科や定時制・通信制，専門学校等も選択肢の一つとして考えられるようになることが望ましいでしょう。また，高校を選択するだけではなく，どんな仕事に就きたいかを意識することも大切です。

　1クラスの人数が比較的少ない高校は，個別のニーズに合う形で学ぶことができるようなサポートが充実している学校が多いように思います。また，高校でも少しずつ通級による指導が広がってきていますので，高校を選択する時には通級による指導が利用可能かどうかも大切な情報となるでしょう。

106　第Ⅱ部　特別支援教育のはざまにいる子どもたちへの支援

さらに，先生や親から見るとかなり難しいと思われる進路を本人が希望することもあります。そのような時に，先生や親が心配して，別の進路を選択するように強く勧めると，本人は自分がやりたいことを止められたという印象しか残らなくなる可能性があります。そのため，本人の希望する進路に向けて必要なことを一緒に調べるなどして，その進路に必要となる努力を具体的に知ることで，どのようにしたら実現可能かを考え，自分で選択する力をつけることが大切だと思われます。

（小倉　正義）

Column

親の会の実践——学習面で気になる子どもたちとのかかわり

　私たち「特定非営利活動法人ぷりずむ」は，学習障害のある子・青年の親の会として2005年11月に発足しました。以来，週に1回「学習サークル」を開催し，多くの小・中学生，時には高校生や大学生も通ってきています。参加条件は特になく，参加者の中には診断名が付いていない子もいて，在籍する学級も抱えている困り感も様々でした。現在は個別対応だけですが細々と活動を続けています。

　これまで100名以上の子が在籍していましたが，そのほとんどがいわゆる「境界知能」といわれるFSIQ（総合的な知能指数）が80前後の子です。通い始めの時点では知能検査などのアセスメントも全員が受けているわけではなく，学校での様相も様々です。2007年に特別支援教育が本格実施され，徐々に小児神経科などに通院する子が増えましたが，検査をしても「その検査結果をどう活かしていったらよいのか」という「対応策」が私たちは見えないままでした。

　さらにFSIQが80前後の子どもたちは，支援学級にいても普通学級にいても，的確な対応がされず，適切に評価されないまま社会人になり，引きこもりや逸脱などで社会生活への参加をこじらせてしまう例が多くあります。これは社会が乗り越えなければならない課題の一つと私たちは考えています。

　A君とB君は元気いっぱい運動大好きな小学生です。A君は支援学級に，B君は通常学級に在籍していますが，二人とも学校を行き渋る日々が続いています。A君は弱視だったこともあり支援につながり支援学級に在籍し，B君は保育園での生活に特に問題がなかったために通常学級の在籍になりました。入学後半年くらいしてからB君が登校渋りの状態になりました。休まず登校していたA君も高学年になって学校を行き渋るようになってしまいました。

発達検査の結果や本人と話をする中で，Ａ君は「読み」の問題，Ｂ君は「音韻」や「見え方」の特性があることがわかりました。支援学級にいるＡ君も通常学級のＢ君も「学校の勉強がむずかしい『時』がある」と言います。難しい「時」とはどんな「時」なのか，どんな解決法があるのか，現在でも模索は続いています。

　Ｃ君は友人も多く明るい中学生です。言葉の理解度も高いのですが，テストの点数が上がらず，検査を通して「読み」の問題を抱えていることがわかりました。学習サークルでは，国語の教科書を読んでからワークの問題を解くのに時間を使い，２年ほどかけて１人で読んで長文の読解ができるようになりました。また英語では「do」などの簡単な単語の理解に３年かかりました。Ｃ君は「一度覚えてもすぐにやり方を忘れてしまう，混乱してしまう」と話します。今，彼は「見学が楽しかった」という高校を目指して一生懸命入試の勉強をしています。読みの能力も内申点も上がり合格はできそうですが，今後社会で困らないように前向きに「読むこと」の取り組みを頑張っています。

　「学習サークル」に通う３人の子を紹介しました。これは一部の事例です。問題行動を起こす，会話についていけなくて不登校になってしまうなどの子も数多く見てきました。

　そして，子どもたちも「困って」いますが，同時に保護者・家族も「困って」います。子どもたちの学校での所属選択は保護者が最終決定するものですが，学校の情報の少なさ，医療へのアクセスのむずかしさ，保護者自身のパーソナリティの問題など，様々な問題が絡み合って，子どもたちが教育を受けることに「より複雑さ」が増しています。

　彼ら彼女らは学校での繰り返しの失敗経験がフラッシュバックし，フリーズや問題行動につながり「放棄している」ように見えるときがあります。また，努力しても成果を上げることができないという「不安定さ」が「漠然とした不安」となり，「将来が見えない不安」につながっています。「みんなが普通にで

きること」が「頑張らないとできない」のは心理的負担が相当大きいです。子どもたちの「できる・できない」を一方的に決めつけず，合理的な学習法を提示できる「水先案内人」になることが，いま私たちに求められていると確信しています。そのためには様々な機関のネットワークが重要となります。いわゆる境界知能と呼ばれている学習や生活面で気になる子どもたちの理解が各分野で広がっていくことを願ってやみません。

(赤塚 美枝)

［3］ 高等教育機関での支援

> **Point**
> ◉高校までの生活や学習環境との違いで修学上の困難さを示す学生が
>   いる。
> ◉合理的配慮については形式的な対応をとらないよう留意する。
> ◉進学先の支援体制について事前に確認することが大切である。

1．はじめに

　大学や短期大学，大学院，高等専門学校，専門学校などが高校を卒業後に学
ぶ高等教育機関です。現在の高等教育機関では，小学校や中学校，高校と同様
に，障害のある学生や境界知能にある学生に対する支援が行われています。こ
こでは，主に大学での支援の実際について触れていきます。

　昨今の大学入学試験は，筆記試験や面接試験だけではなく，多様な選抜方法
が行われています。特に推薦型選抜や総合型選抜では，口述試問や小論文，プ
レゼンテーションやグループディスカッションなど多様な選抜方法が行われて
おり，受験生にとっては自分の得意な選抜方法を選択することができるという
利点があります。結果的に，入学試験で不得意な部分を覆ってしまうことにな
るため，入学後に不得意な部分により修学上の困難さを示す大学生がいます。

　日本学生支援機構が毎年実施している「障害のある学生の修学支援に関する
実態調査」（2023）では，大学，短期大学，高等専門学校に在籍する障害のあ
る学生は，増加傾向が続いており，国公立に比べ特に私立で増えていることが
報告されています。この中には大学生になって，はじめて発達障害や精神障害
などと診断される学生もおり，高校までの生活や学習環境の違いにより修学上
の困難さを示す学生が増えていることがわかります。

第6章　境界知能の子どもたちへの支援　*111*

大学生になると，これまで経験のない学校生活が始まります。例えば，履修科目の選択や時間割の作成に苦労したり，指示されたレポートの書き方がわからず提出に間に合わなかったり，初対面の学生と授業内でディスカッションする必要があったりします。また，高校と違い学級担任がいないため，問題解決の相談相手が見つからず困惑することもあります。さらに，教務課などで質問しても，「授業担当の先生に尋ねるように」と言われるだけで問題解決が先延ばしになることもあります。障害のある学生や境界知能にある学生は，問題解決能力の弱さを抱えていることも多く，徐々にこれらの新しい状況への適応が難しくなり，単位修得に困難をきたすことが推察されます。このような負のスパイラルに陥らないためには，彼らを一貫して支援する学内の支援体制が必要になります。

2．合理的配慮について

2016年4月に施行された障害者差別解消法では，障害を理由とした受験拒否や入学拒否など，不当な差別的取扱いの禁止だけでなく，国公立大学では合理的配慮が義務化されました。そのため，国公立大学では障害のある学生支援体制が必ず整備されています。一方で私立大学では，支援体制の必要性や財政面に余裕のある大学が支援体制を整備していましたが，2024年4月1日の改正障害者差別解消法の施行に伴い，私立大学でも合理的配慮が義務化されることになり，支援体制の整備が広がっています。大学での合理的配慮は，「障害のある学生の修学支援に関する検討会報告（第一次まとめ）」において，以下のように定義されています（文部科学省，2017）。

> 　大学等における合理的配慮とは，「障害のある者が，他の者と平等に「教育を受ける権利」を享有・行使することを確保するために，大学等が必要かつ適当な変更・調整を行うことであり，障害のある学生に対し，その状況に応じて，大学等において教育を受ける場合に個別に必要とされるもの」であり，かつ「大学等に対して，体制面，財政面において，均衡を失した又は過度の負担を課さないもの」

境界知能にある学生は，障害のある学生と異なり合理的配慮を求めるための根拠資料として診断名の書かれた診断書等を提出することが難しく，知能検査の結果などを提出することになります。表面的には障害のある学生と同様な支援を大学に求めることが難しいように思われますが，「障害のある学生の修学支援に関する検討会報告（第三次まとめ）」（文部科学省，2024）では，一律に「根拠資料がなければ合理的配慮を一切提供しない」といった，形式的な対応をとらないよう留意する必要があると指摘しています。

　このように合理的配慮には，必ずしも障害の診断を受けている必要はありません。大学では，修学困難のある学生を対象とすることが前提となるため，境界知能にある学生も支援の対象であるといえます。

3．大学の支援体制

　大学で障害のある学生支援を担当する方々に話を聞くと，発達障害や精神障害のある学生だけでなく，グレーゾーンと言われる境界知能の学生についても，具体的にどのような合理的配慮や支援方法を行っているのか他大学の教職員と情報交換を行っているようです。

　しかしながら，大学では個々の学生の学修状態を常に把握し，支援を必要としている学生を見つけることはとても難しいのが実情です。学生の修学困難が顕在化するのは，各学期で修得単位が確定したあと，修得単位不足により進級や卒業ができず，面談指導が生じる時です。そのため大学によっては，修学における学習面での支援（以下，学修支援）を行うラーニングサポート室や学修支援室などが設置されています。また，障害のある学生の支援を対象とした「障がい学生支援室」なども設置されています。これらの支援部署では，境界知能にある学生など通常の学修支援では難しい学生に対応するための連携を行っています。

　本学の支援体制を紹介します。本学では全学生を対象としたレポート作成や就活の小論文等の指導を受けられるライティングサポートデスク，語学学習をサポートする語学カフェ，教員が主体的に関わる修学支援体制を整えています。

第6章　境界知能の子どもたちへの支援　**113**

教員が常駐する修学支援室を置く学部もあり，支援体制を充実させています。さらに，通常の指導や支援では修学困難の解消が難しいと思われる学生に対しては，学生の了承のもとで，障害のある学生や境界知能にある学生の支援を行う特別修学支援室と連携しています。

　しかし，これらの支援体制の整備のみでは支援を始めることはできません。支援が必要な学生を把握するため，定期的な出席管理や進級要件の修得単位数，卒業要件となる修得科目などの単位修得状況によるスクリーニングを行い，支援対象学生を抽出しています。スクリーニングを実施する理由は，学修に困難のある学生には授業の欠席や放棄，指示された課題の未提出などの行動が見られるためです。これらは，境界知能にある学生ばかりでなく，発達障害のある学生や修学意欲の低い学生，日常生活でトラブルを抱えている学生などにみられます。彼らの中には学修の困り感を相談することができない，自分が何に困っているかを正しく自覚していないなど，支援の必要性に気づいていない学生もいます。その時は，まずは呼び出しによる面接指導を教員が行い，修得単位不足などの現状理解や支援を受ける必要性を指導しています。この面談指導により，頼ることができる場所や教員とつながることで継続した支援を可能にしています。また，特別修学支援室では学生の認知特性をもとにした履修指導や講義課題の支援，各教員に対して合理的配慮の依頼や配慮方法の説明などを担い，学生相談室は修学の困難さから生じる不安感等に対する心理的支援を担うなど，専門的な支援にもつなげています。

4．家庭との連携と就職に向けて

　一方で，これらの支援につながらない学生もいます。保護者からの相談がきっかけとなり，彼らへの修学支援につながることがあります。保護者には，子どもの気になる行動（欠席や修学意欲の減退）が見られる時は，大学に相談されることをおすすめしています。大学のホームページなどに相談先が明示されていない時は，各大学の「学生相談室」や「障がい学生支援室」などに相談し，学内の支援体制を尋ねるように伝えています。本学では保護者からの相談内容をお聞きし，保護者が学生本人の承諾を得ているときは直接学生と面談するよ

うにしています。得られない場合にも学生の置かれている状況を調査し，呼び出し面談を行っています。特に，卒業後の就労までを見通した継続的な支援を行うためには，大学生でも保護者との連携は重要なポイントになります。

　境界知能にある学生への就労支援は，特別修学支援室と就職キャリアセンターが学内連携をとりながら行っています。しかし，就職活動は学内のみで対応することが難しいため，公的機関や就労移行支援事業所などと連携しながら，支援しています。連携によって，就労で必要な知識の獲得やスキルの向上，就職を希望する職場の見学など，学生に寄り添った支援を行うことができるようになっています。また，保護者を交えた面談を通して卒業後に公的機関へ支援をつなげる準備を整えています。

　最後に，進学する大学を選ぶときに，どのような支援体制が整っているのか事前に確認することがとても大切です。オープンキャンパスなどで尋ねてみるのもいいでしょう。卒業後に有意義だったと振り返ることができる大学生活を送れることを祈っています。

（富永 大悟）

文献

日本学生支援機構（2023）．令和4年度（2022年度）大学，短期大学及び高等専門学校における障害のある学生の修学支援に関する実態調査結果報告書 日本学生支援機構 Retrieved from https://www.jasso.go.jp/statistics/gakusei_shogai_syugaku/__icsFiles/afieldfile/2023/09/13/2022_houkoku3.pdf（2024年8月5日）

文部科学省（2017）．障害のある学生の修学支援に関する検討会報告（第一次まとめ）文部科学省 Retrieved from https://www.mext.go.jp/b_menu/houdou/24/12/__icsFiles/afieldfile/2012/12/26/1329295_2_1_1.pdf（2024年8月5日）

文部科学省（2024）．障害のある学生の修学支援に関する検討会報告（第三次まとめ）文部科学省 from https://www.mext.go.jp/content/20231227-mxt_gakushi01-000034752_3_1_1.pdf（2024年8月5日）

第7章

対談
これからの特別支援教育をめぐって

小倉 正義×片桐 正敏

　本章は，編者2人による対談の形をとっています。編者が本書を通して伝えたかったことを読者によりダイレクトに伝わるようにしたいという思いから企画しました。内容的には，第1章から第6章までをふり返られるようなものになっています。2Eの話題にはあまり触れられていませんが，ギフテッドの特性への支援は2Eの子どもたちにも役立つと思いますので，ぜひ参考にしてほしいと思います。本章で述べているエピソードについても，特定の誰かを指すことがないように改変したものです。

診断のつかない子どもたちへの支援をどう考えるか

片桐：診断のつかない子の中に，ある一定の割合で境界知能やギフテッドの子がいると思いますが，診断がつかないと支援に結びつかないとか，合理的配慮が受けられないとか，ほんとはそんなことないはずなんですけど，結構そういうケースがあって本人が困ってることが多いなぁと感じます。

小倉：教育的ニーズがあるかどうかが大切なはずなのに，診断がないと支援が受けられなかったり，継続的な支援を受ける難しさがあったりするのが現状で，その辺りをどう解決していけるかが重要ですね。

片桐：例えば，車椅子の人が電車に乗るとき，合理的配慮を受けるために，「診断書を見せてください」という話にはならないはずで。でも学校現場では診断書が必要となる場合があります。もちろん診断書がなくても配慮してくれる先生はいますが……。合理的配慮は，そもそも学校や先生方に過度な負担がかからないという前提があるので，負担がかからないんだったら何とかやってほしいなと伝える時，ここの伝え方は非常に難しいですよね。

小倉：診断がつかないのだったら「みんなと同じ」ととらえられてしまうと，ニーズがあっても支援されないことになってしまい，なかなか難しいですね。

片桐：学校の先生は忙しいということに尽きるのかもしれないんですけど……忙しいとはいっても一人一人のニーズに対応している好事例は結構たくさんあると思うので。

小倉：支援をするのが当たり前というのがベースになれば負担と感じにくいだろうし，自然と必要なことをするという話になるんだろうけど。やらないことが前提だと，プラスアルファの仕事と感じられやすいですよね。でもその支援をやらないことで子どもたちの予後が変わる可能性があることをどうわかってもらっていくか。この本がきっかけになればいいなと思います。

片桐：ギフテッドの場合，特に発達障害がない場合は本当に説明が難しくて。「こういう配慮をしてください」とお願いしても，「発達障害がないからそ

こまではできません」と言われてしまう。例えば，感覚過敏のある子はギフテッドに限らず結構いると思うんですが，学校とバトルしてようやく配慮してもらえるみたいなこともある。結果的に認めてくれるのならすぐに認めてくれたほうがお互いいいだろうと思うけど。

小倉：感覚過敏みたいに見えないところの課題は，わがままと判断されてしまうことも多くて。診断なしだと見えない部分への配慮がスムーズにいかないところがありますよね。

片桐：ほんとそうですね。「どこまでがわがままでどこからが特性なんですか，その線を教えてください」って言われても，誰にもパッと区別がつかないので，難しいですよね。でも，本人がしんどそうだったらひとまず支援から入るのが，自然なのではないかなとは思うんですよね。

小倉：その「わがまま」によって得られているものは何かをきちんと考える必要があるのではないかなと思います。わがままとは，本人がその行動なしでは手に入れられないものが手に入っているということだと思うんです。本人にメリットがあるかないか考えずに，わがままだと判断してしまうことは避けたいなと。ある感覚過敏の子が支援として必要ないことまで全部やってもらえている状況だったり，他の子たちが不利益を被っている状況だったりするのは「特性だから仕方ない」とは言えません。でも，例えば，聴覚過敏の子がノイズキャンセリングのイヤホンをつけるのは，他の子たちの何かがストップするわけでもないし，必要だからそうしているだけです。そういう判断をせずに一律に，一方的にダメだって言われるのはおかしいですよね。極端な話，「イヤホンつけていいから俺は音楽聞いてもいいんだ」となっていたら，それはわがままの領域だなと思うけど，他の子たちと同じようなもの，聴覚過敏の子が落ち着いて学習できる環境を手に入れているだけなのに否定されるのは違うなと。

片桐：そうですね。

小倉：今回本書では便宜的に境界知能，ギフテッド，2Eという言葉を使っていますけど，その言葉を使うことで子どもたちのニーズに応えることができるのであればそのように呼ぶ意味はあるなと。一方で別の名前のつかないニーズのある子たちのニーズに気づかない，応じられないことになって

はいけないと思います。要は，診断の有無にかかわらず，子どもたちのニーズにどう応じていくかですよね。

境界知能の子どもたちへの支援

片桐：ある学習障害（以下，LD）の子どもは視覚認知に障害などがあるために学習が難しい一方，ある境界知能の子どもはそうした障害はないが学習が難しいといった場合，両者の支援のアプローチは違います。学校現場でLDのアセスメントや支援ができると，境界知能の子への支援もしやすくなってきますよね。

小倉：LDのアセスメントができていないと，例えば読み書きが苦手な子は一様に同じ特別なプログラムをすればよいということになってしまいやすい。

片桐：例えばLDへのアプローチでも，境界知能の子どもに限らずすべての子どもたちに有効な方法などもあるのでLDへの学習支援法もある程度身につけて，引き出しを多くしておくのも重要だなと個人的には思います。

小倉：通常の学校の中での特別支援教育のニーズは，かなりの部分が学習支援にあると思うのでその専門性が高い人たちが各学校に一人ぐらいはいる状況が必要ですよね。あと，学習で自信が持てないことが学校への行きづらさにつながっている場合があるし，逆に学習支援にしっかり取り組むことで登校行動につながる場合も少なからずあると思うんです。心理面での支援のうえでも学習の部分は大切です。学習面での支援と心理面での支援をつなげるためにはスクールカウンセラー（以下，SC）の役割も重要です。

片桐：SCはいわゆるコンサルテーションとしても関わるということですよね。

小倉：そうです。一つの方法として，SCが実際に子どもの学習に関わりながらアセスメントした結果をもとに，先生たちにコンサルテーションするという方法もありますよね。ところで，知能検査をやっていて，「すごい楽しい」っていう子っていませんか？

片桐：います。います。帰り際に「どうだった？」と聞くと，「すごい楽しかったからまた受けたい」みたいな子いますよね。

小倉：そういう子は，心理面と学習面の両面で支えるニーズが高いかなと。

第 7 章　対談　これからの特別支援教育をめぐって　　**119**

片桐：同感です。学校現場では，学習支援のニーズは高いですよね。その中で，学習の支援が心理的な支援にかなり密接に関係してくるのはおっしゃる通りだなと思います。

小倉：その辺が境界知能の子の支援の一つの切り口だと思っています。本人が自信をもつためには，本人の得意をどうやって見つけるかもポイントですよね。

片桐：境界知能の子に限らず，何も得意なことがない子はいないですよね。どの教科も全然ダメではなく，一つくらいできそうな教科があって，そこが支援の切り口になることもあるので，それを見つけて伸ばすと自尊心も上がっていく。特に中学生になると本当に自尊心が下がってしまう子が多くどうやって支援するかが難しいケースも結構あるなぁと思います。

小倉：そうですね。あと，適切なサポートにつながるためには，子どもが先生からの支援を引き出せるかも大切だと思います。例えば，勉強が苦手な子どもとの相談の中で，具体的に「この問題を○○先生に聞きに行く」と決めておくと，実際に聞きに行って教えてもらうことにつながることがあるんです。子どもの方から聞かれると先生たちも教えやすく，個別で教えるとその子のニーズも見えてくる。そして，その子も先生のことを信頼してこれからも聞きやすくなるという良い循環につながることもあるんです。もちろん先生側から積極的に支援をしてほしいけれど，子どもが援助要請のスキルを身につけることも大切ですよね。

片桐：もう一つ，ワーキングメモリの弱い子も多いので，先生方には「本人自身で記憶方略を見つけるのは難しいのでサポートしてほしい」と伝えます。本人にあった方略を見つけると，覚えるものが増えると思うので。

小倉：抽象的なことが苦手な場合が多いので，具体的なことや自分の好きなことと結びつけられるとワーキングメモリの弱さも補えるし記憶が定着しやすいですよね。あと，先生と話したことが手がかりになる場合もあるから，いろんなことを先生と話しつつ具体的なものと結びつけて記憶していけるとよいかな。特に中学校以降の勉強は抽象度が高いので，いかに抽象度を下げるかですね。

境界知能のことを本人や家族にどう伝え，関わるか

片桐：本人にはあまり境界知能という言葉を使ったことはないです。保護者に
　　　対しては，例えば WISC の結果を説明する時は「境界域」という記述分
　　　類があるので，そこを説明することはありますね。ただ決してわかりやす
　　　い言葉でもないなぁとは思うので，基本的には「ここが弱いけど，ここが
　　　強みだから，こういうふうに支援していきましょう」といった話をするこ
　　　とが多いです。

小倉：本人とはちょっと勉強大変だよねということを共有しつつ，「解決でき
　　　る方向を考えてみよう」と，子どもが自分の可能性を感じられる伝え方が
　　　できればいいかなと思います。それを伝えるのに境界知能という言葉がふ
　　　さわしいかというと，あまり意味が分からないというか，抽象的なことが
　　　苦手な子に抽象的な言葉で伝えるみたいな話になってしまうのであんまり
　　　だなと思います。

片桐：本当に。できていることを具体的に伝えることはすごく大事だし，そう
　　　していくのが大切だと思います。

小倉：保護者には，「勉強のことでできるだけ叱らないようにしてください
　　　ね」と伝えることが多いですね。わかってても叱ってしまう場合も少なく
　　　ないと思うので。

片桐：私は，保護者には「できるだけ勉強を教えないでください」とよく話し
　　　ています。保護者が教えるとどうしてもイライラしちゃいますよね。それ
　　　で余計に本人がやらなくなるという負のスパイラルになる。

小倉：中学生になると提出課題が多くて出せないことも結構あったりするけど，
　　　「提出できてなくても親が叱るのはやめましょう」と伝えることも。「宿題
　　　や提出物は学校との契約なので親は別に叱って出させなくてもいいです
　　　よ」と，すごく丁寧に説明して。宿題や提出物はちょっとでもやってたら
　　　褒める，やってるなという反応をしてあげてくださいと。

片桐：基本的には減点法ではなく，加点法で進めていくといいんでしょうけど，
　　　提出して当たり前みたいな感じがあって。ここまでできたんだっていうこ
　　　とをまずは認められるといいんですけどね。

第 7 章　対談　これからの特別支援教育をめぐって　**121**

小倉：勉強に困っていない子だったら，親がある程度宿題を見るのもうまくいく場合もあるし，意味もあると思うけれど，境界知能の子にはあまり向かないと思う。どちらかというと保護者が見なくていいように学校から言ってもらえるとよいなと。

片桐：宿題に関して，学校側が保護者に求めるものが結構多いんですよね。例えば，できたら採点してくださいみたいなことがあったり。難しい問題が出てきたりすると，親子で問題の解き方から始まって勉強そのもののことまで様々な揉め事が起こることがあります。

小倉：宿題はできることを出すべきですよね。

片桐：そうなんですよ。子どもにとって明らかに無理なものが出されている場合もある。本来は人それぞれ宿題のやり方や量は違うと思うんですけど，クラス全員に同じ宿題を出してそれを完璧にやらなくちゃいけない感じになってることもあって。そうすると，一生懸命やらせる親とそれに必死に抵抗する子どもという図式になってしまって，支援するときにこれを何とかしなくちゃいけないというところから入ることは多いですよね。

ギフテッドの子どもたちへの支援

片桐：宿題のことは，ちょっと質が違いますけど，ギフテッドの子たちにとっても課題ですね。

小倉：ギフテッドの子だと，例えば宿題だと書きたくないとか，わかってることをしたくないとかですかね。そういう話が出始めると学校との間に溝が生まれる。保護者もどこまでやらせていいのか迷われるけど，本人も頑なにやらなかったりとかしますもんね。

片桐：特に漢字の書き取りとか嫌がりますよね。「全部わかってるのになんで書かなくちゃいけないの？」と言われた時には，もう精神的な鍛錬としか言いようがないです。

小倉：でも，精神的な鍛錬をするのは漢字練習でなくてもいいですもんね。先生の中でも，確かにこの子は書けるけどやらなくていいってことにはならないよなという葛藤が生まれてしまう。でも，本人がやる気になるために

122 第Ⅱ部 特別支援教育のはざまにいる子どもたちへの支援

はどんな宿題がいいかという話にはなかなかならなくて，今ある宿題をやるかやらないかに焦点化してしまう。どうやって本人が納得する勉強に置き換えるのかという話になってくるといいなと思いますけど。

片桐：宿題はね，もっと工夫ができるだろうなぁって。例えば，第5章で述べた漢字の書き取りの話ですが，まったく同じものをみんなに出さなくてもその子にとって意味のある宿題になるような出し方をしてほしいなと思う。漢字の書き取りでも，まず偏だけ一行書いて，その後造を書いて……みたいにやっている子もいたりして。「そんなん意味がない！」って親に叱られても，「やればいいんでしょう？」って言い返したり。やり終えることが目標になっていて覚えることが目標になってないんですよね。そもそもギフテッドの子どもにとって，覚えること自体は宿題の目標にはならないでしょうから，先生と子どもとの間で宿題の目標を確認しておくべきだと思います。

小倉：宿題や提出物だけでなく，同じやり方でやらなきゃいけないとか，今やってることに疑問を呈してはいけないみたいな雰囲気が強いと難しいですね。でも先生が理解してくれて，先生に疑問をぶつけてもいいという感覚が持てるとうまくいくのかな。ギフテッドの子は学校システムとの相性が悪いときもあるけど，そこの相性の悪さを先生も理解してくれたら，だいぶ違うなと思います。

片桐：そうですね。ただ，小学校ではうまくいっても中学校に入ると厳しいことが多いです。例えば，教科別になるから，先生によって言っていることが全然違うことがあってそのことにストレスを感じたり，校則が厳しくなって，本当に一から十まで縛られるように感じて嫌になっちゃったりして，学校に行かなくなることもあります。学校にも子どもの思いを理解している先生と理解してない先生がいて，そこが本当に難しいなって思いますね。

小倉：そう考えると，合理的配慮を明文化していることは大切だと思うんですよね。ギフテッドの子に限らないですが。

片桐：確かにそうですね。あと，小学校ですごく頑張ってとても適応がよくても，中学に入ると急になんか燃え尽きるように不登校になっちゃう子もいて，どうしたらいいのかなといつも思います。例えば，表向きは人間関係

がうまくやれていても，すごく疲れちゃう子もいます。その中で，ストレスをうまく処理しきれずに燃え尽きちゃうのも結構ギフテッドの特徴でもあるのかなぁと思うんです。「そこまで付き合わなくてもいいんじゃないの？」と思うようなことでも，「でもね……」って頑張ってしまう。

小倉：感じちゃうものを無視するってなかなか難しいですもんね。

片桐：そうなんです。感性が本当に豊かであるゆえにいろいろ考えてしまって人間関係にすごく疲れちゃう。先生方がここに気づければいいんですけど，かなり問題化してから気づくケースが多いかなと思います。

小倉：もしギフテッドの子たちが通級による指導を受けられるようになってくるのであれば，刺激を減らすことも含めて考えていけるといいですよね。そうすると不登校にならずに自分で調整しながら日々を送っていくことにつながるかなと。あと，校内に居場所や少人数で学べる場があって，自分のペースで学べる機会が多くなるだけでも学校にいやすくなるかな。

片桐：学校に居場所があるといいですよね。話は少し変わるかもしれませんが，ギフテッドの子は学習面で非常に高いものを求めたりしますが，学習指導要領的には当該学年の学習をやらなくてはいけないし，学べる場も少ない。そのような場合に，例えば通級を使って指導する方向に舵を切るなど，いろいろな制度がもう少し柔軟に運用できるようにしてほしいなと思います。あと，ギフテッドについてもっと知ってほしい。先生や支援者と話していても，適応が悪かったら「発達障害って言っていいんじゃないの？」と言われることもあったりします。でも根本的にギフテッドと発達障害の子では支援ニーズが違うことを理解してほしいです。

小倉：その辺の合理的配慮の必要性をニーズの理解とともにどう伝えていくかだったり，小学校でうまくいっていたら小学校での支援をどう中学校に引き継ぐかだったりが，一番課題になっていることなのかな。そこは早く実現してほしいところですね。

片桐：そうですね。あと，ギフテッドの子の才能を伸ばすために一生懸命何かをしてあげるという対応よりも，まず本人の大好きな学びがしやすい環境を一緒に考えてあげてください，学びやすい環境があれば自然とやるから，と伝えるようにしています。

小倉：やりたい，学びたいことができる場って当たり前じゃないですからね。

片桐：そうそう。特に中学校ぐらいになると制約が多くなってくるので，全然やりたいことができない。安心して自分が好きなことがやれる場は本当に貴重だし，それを作るだけでも非常に良い支援で，本人のニーズでもあると思うんですよね。「自分がやりたいことを邪魔しないでほしい」というのがたぶん多くのギフテッドの子のニーズかなと思うので，そこがすごく大事かなと思いますね。

小倉：子どもも，自分が嫌なことから逃げることにエネルギーを注ぎすぎて，やりたいことを見つけるという方向にエネルギーが注げてない子がいますよね。だからやりたいことや好きなものにエネルギーを傾けられるように環境調整するのはすごく大切なことだなと思います。

片桐：学校が安心・安全な場所になってないから逃げたり，安心・安全な場にするために戦ったりして，どうしてもそこに労力を使ってしまうというか。

小倉：そうそう，疲れ果ててる。

片桐：安心・安全な場の提供というのは本当に重要だなって思いますね。それができていない中で才能を伸ばす方法を考えるのは本末転倒だなと。

小倉：そうですね。戦わなくていい状況が保障されると……。学校に不適応的だったとしても安心・安全感があると，すごく嫌だったはずのことも受け入れられたりするので。さっき話した漢字を繰り返し書くことでもそうだけど，戦っているときはものすごく嫌なことだと思っていたけど，戦わなくてよくなったら別にやってもいいよみたいなことだってあり得るわけなので。

ギフテッドを本人や家族にどう伝えるか

片桐：基本的には本人や家族には伝えませんが，保護者からは「うちの子ギフテッドだと思いませんか？」と聞かれることはあります。その場合は，「特性はあるかもしれませんね，そのための配慮は必要ですよ」みたいな感じで答えます。「ギフテッドですよね？」って言われて，「そうです」と言うことはあまりないと思います。でも先生や支援者には，「この子はこ

ういうところがあるからこういう配慮をしてください」と，むしろ積極的にギフテッドという言葉をうまく使ってその子の支援につなげることはありますね。

小倉：本人には，こういうことは得意だけど，こういうことは不器用だよねという自己理解が大切なのかなと思います。自分と相手の違いがわかると楽になるところもあるので。感覚の話とも近い話ですけど，みんなが同じように考えてたり感じたりするわけじゃないことが理解できると，自分だけが苦しんでなくてもいいんだと思ってもらえるのかなと考えています。

片桐：感覚の問題は家族も気づいてないことも結構あって。子どもの生きづらい部分を伝えるのはすごく大事ですし，主観的な問題で周囲には結構理解されづらいので，丁寧に家族にも伝えるようにしていますね。「無理に抑え込んじゃったりするとストレスが溜まっちゃうことがあるので気をつけてください」と。

小倉：ギフテッドという言葉をいかに使わずに本人像を描き出して伝えるかは，本人に伝えるときにすごく大切だなと思います。それができたうえで，他の人に説明するために本人にギフテッドという言葉を教える場合も実際にはあると思います。

片桐：それはありますね。確かに。

小倉：診断名がないわけなので，それこそ合理的配慮を受けるときに，何も名前を出さないと本当にふわっとした話になるので。それでギフテッドという言葉を説明の中に使うのは有効なこともあるのかなと思います。

一人ひとりの子どもの安心安全な場を保障するために

片桐：境界知能の子，ギフテッドの子について話してきましたが，まずはその本人の居場所，安心・安全な場を作るというのが一番大事かなと思うんです。そこが境界知能の子にもギフテッドの子にも支援の基本かなとは思います。もちろんどの子にも当てはまる大切なことですが。

小倉：本当はその傾向があるかどうかでまとめられるわけではないけど，境界知能とかギフテッドとか，２Eという言葉を使って，その子たちにとって

の安心・安全のとらえ方や保障の仕方がいろんな方に伝わることで，安心・安全な場の実現につながっていくとよいなと。

片桐：例えば，ギフテッドの子たちがうまくいくときとうまくいかないときはどんな感じかなと考えてみると，みんな仲間で一緒にやらなければいけないみたいな感じだとうまくいかなくて……ちょっと緩く見てくれている方がうまくいくのかなって思うんですけどね。

小倉：すべてが「みんな一緒」になるのではなく，そこにはまらない子もいることも大切にしてもらうと，逆にみんな一緒にできるところが増えるのかな。いろんな子がいるよねということが，当たり前かもしれないけどとても大切だなって思います。それは，文部科学省が掲げている「個別最適な学び」と「協働的な学び」を一体化する方向に向かうためにも必要ですよね。

片桐：現在の日本の学校教育は一斉指導が中心ですが，そこからの脱却がどうしても必要になってくると思います。その中で出てきたのが個別最適な学びと協働的な学び。最近学び合いの学習は広がってはきましたけども，そういう学びをするためには学級の人数が35人は多い。現場を見ていると，30人を超えてくると本当にしんどくて，一斉指導型の授業をやらざるを得ない部分はあるなというのは感じますよね。

小倉：本当にそう思います。ギフテッドや2E，境界知能の子どもたちを含めたすべての子どもたちにとって，一人ひとりの子どもの安心・安全を保障するためには，一人一人の教育的ニーズに応じることが大切で，そのために周囲の大人が必要な専門知識を身につけたり，環境を整えたりすることが必要だと思います。

Column

学校との連携や家庭での取り組み──保護者の立場から

●はじめに

　私は現在中学1年生の娘を持つ母親です。小学生の頃の娘は何度も不登校を繰り返し，そのたびに試行錯誤をしながら親子で乗り越えてきました。診断名が付かなかったこともあり，学校で「どのような支援が必要な子どもか」という理解を得るまでには，長い道のりが必要でした。学校との連携や家庭での取り組みについて，これまでの経験を振り返りたいと思います。

●学校の環境が合わず，小学1年で不登校を経験

　娘は小学校入学直後，夜寝られなくなり，数か月で学校に行けなくなりました。原因は，厳しすぎる担任の指導でした。娘は特段集団行動がとれないわけでも勉強ができないという状態でもありませんでしたが，減点方式の教室の空気や叱責される他の子どもたちを見ているだけで疲弊してしまったようでした。

　幼児期から発達スピードはとても早く，一方で過敏さや感情の激しさを感じる子どもでした。発達障害を疑っていたこともあり，学校が合わないのはそのせいかもと，専門家に相談することにしました。たまたまのご縁で相談をした臨床心理士の先生は，40年も前に療育施設を立ち上げた方で，娘のようなタイプの子のこともよくご存知でした。WISC検査を受けた後にその先生から言われたことは，「学校の環境が原因なので，環境を調整すれば，今の問題は収まるはず。発達障害ではないだろう。検査結果より，知的水準は『非常に高い』に該当しており，わかることが多いぶん不安になるから，自分で対処をしている状態だと思う。このタイプの子は育てるのは難しい。命に関わるようなこと以外は自由にし，やりたがることは止めずに，やっても困らないように環境を整える。ただ，そうすると没頭したり，質問し続けたり子どもへの対応で親は

128　第Ⅱ部　特別支援教育のはざまにいる子どもたちへの支援

ストレスをためやすくなるのでちょっと息抜きを，そして少し年齢が上がってきたらユーモアを大切に」でした。

　実際，次年度に担任が変わると，すべての問題がいったん収まりました。ただ，その後も似たような対応をする先生（ルールで縛る，子ども扱いする，子どもの視点ではなく先生の視点で判断するなど）に出会うたびに不調となり，学年の後半は不登校になる，ということが続きました。

　娘の場合は，クラスにいる他の子どもの状況が見え過ぎるため，たくさん問題を拾ってきてしまいます。それぞれの行動の背景にある感情や，原因となる出来事を感じ取るうえ，なぜ自分と同じように理解しないのか，周囲へ配慮をしないのかなど，素朴な疑問が大量に湧いてきます。それは時として大きな怒りになり，自宅でかんしゃくを起こす主な原因となりました。家庭では，それらを吐き出させ，一つずつ分解して一緒に考え，視点を増やすという作業を積み上げることが必要でした。特に小学1年の頃の出来事がフラッシュバックするたびに，どう乗り越え，消去していくかが課題となりました。家からまったく外に出ない期間や昼夜逆転も経験しましたし，母親に手を上げることや，自分で手や足の皮を剥いで血がぽたぽた……といったことも恒常的に起こっていました。

●不登校を繰り返し，高学年から支援を受けることに

　小学5年に上がるときに管理職の先生より，サポートブックを作りたいとの提案をいただきました。「娘さんは一見，周囲に適応してしまうので，教員が注意して見ておくべき子という認識を持ちにくい。ところが，一瞬で対処が難しい状態になってしまう。常に複数の教員で情報を共有できるようにしたい」とのことで，以降の学校とのやり取りは記録され，次に引き継がれることになりました。

　その後は，空き時間を使ってオンライン面談を受けたり，カリキュラムの中で対応可能そうなものをピックアップして連絡していただいたり，娘と気が合いそうなお子さんと交流できる機会を作ったりと，先生方は丁寧に対応してく

第7章　対談　これからの特別支援教育をめぐって　**129**

ださいました。精神面の回復には2年かかりましたが，おかげで「学校=最悪な場所」ではなくなり，嫌なイメージで終わらずにすむことができました。小学5年と6年，それぞれの担任の先生には感謝してもしきれません。

●学校との連携で感じたこと

　振り返ってみて，一番の困難は発達障害の診断がつかず，かつ学校に通えている段階で娘の困りごとを認識してもらうことでした。学校には「発達障害を否定された」と事実を伝えているだけなのですが，「子どもの発達障害を認めたくない親，と思われているのかも」と感じる場面はありました。そうなると支援の話はしにくく，何をどこまでお願いしてよいものか非常に迷いました。本人の興味関心について話すと微妙な表情になる先生もおり，高いIQを自慢する親と思われることが怖くて，そうした話も避けるようになりました。

　一方で私自身は，なぜ娘が学校でこのようになったのかという疑問から教育そのものにも興味を持ち，行政の資料などにもたくさん目を通しました。さらにPTAの本部役員になり学校の中に積極的に入っていくことにしました。

　まずわかったことは，校内のリソースのなさです。問題は山積みで，先生方の労働環境や様々な事情を抱えた子の存在が，学校に関われば関わるほど気になりました。そんな中，娘のために放課後や時間外の対応をしてくださる先生には，申し訳ないな，という気持ちがぬぐえませんでした。とはいえ，子どもをサポートしていくうえで学校との信頼関係の構築は欠かせません。時には嫌な経験もしましたが，対立ではなく対話することが重要だと今なら言えます。

●家庭では精神面のサポートを重視

　ギフテッドの支援というと，才能や学びに関することに視点が向きがちですが，私自身は本人の精神面のサポートのみを重点的に行い，学びについては，結果的に本人が望むまでまったくさせませんでした。これは娘が小学校に入って以降，「学び＝先生が喜ぶこと＝喜ばせたくないからしない」という思考になっていたためです。

130　　第Ⅱ部　特別支援教育のはざまにいる子どもたちへの支援

低学年の頃は，とにかく娘の話を聞いて，極力本人が話したままを書き起こすということを続けました。単に娘の話を聞くのが面白かったからという理由が一番大きいのですが，本人が望めば夜中でも毎日対応していました。この試みは，娘自身のメンタルの安定や言語化の訓練につながったと感じます。それだけでなく，娘が物事をどう捉えているのかを学べたことは，私にとっても有益な経験になりました。

　昼夜逆転時には，起床時刻と就寝時刻を娘と一緒に記録しました。気をつけたのは，「昼夜逆転はダメなこと」と思わせないようにすることです。「何時間起きてられるのか!?」などと面白おかしく盛り上げつつ，本人にデータの分析をさせました。結果として，「やりたいことがあれば自発的に起きられる」，「寝られない原因にはいくつかパターンがある」など，多くの気付きがあったようです。

　学校に行かない選択をしていた期間に，娘は客観的な情報（周囲の人たちの言動など受け取るもの）と自身の中にある感覚的なものとを自分の中でつなぐ練習をたくさんしたと思います。学校の支援を受けるようになってからは徐々にかんしゃくが減り，「あの時は視野が狭かった」などと，過去を俯瞰できるようになりました。今も気持ちの上がり下がりはありますが，対処できるパターンをゆっくり増やしていけばよいのかなと思っています。

　一方で，親の自分の対応は本当に正解か，という迷いが今も常にあります。もしかしたら，私がもっと鈍感であればよかったのかもしれません。実際，似たようなお子さんであっても大きく折れずに進んでいけるケースもあり，そこには親のおおらかさも関係しているのかもしれないと感じてしまうのです。娘が小学1年の頃に親の会「ギフテッド応援隊」の存在を知り，会に参加するようになったのですが，そこでは，年上のお子さんをお持ちの保護者から話を聴く機会が多くあり，私にとってプラスの影響になったように思います。

●おわりに――見るべきはラベルではなく，一人一人の個性
　中学に入って半年，今の娘は学びが好きだった自分を取り戻した様子です。

私も，小学校入学前までの娘のキラキラした笑顔を思い出しました。中学の先生は診断名などのラベルにかかわらず個性を見てくださる方ばかりで，娘の学ぶ速度や意欲も大切にされています。学年の範囲を超えた内容に進んでも否定されず，何より精神面のケアがとても丁寧で，本人の話をよく聞いてくださいます。こうした姿勢はどの生徒に対しても同じで，娘もとてもうれしそうです。

　私には娘が二人いて，個性はまったく違うのですが，最近受診した児童精神科の医師によると，ラベルを付けるなら，二人とも同じようなものになるそうです。発達障害にせよギフテッドにせよ，一人一人の様相は大きく異なりますが，でも明らかに似ているよね，と感じる部分もあります。私もたくさん本を読み，調べ，考えてきましたが，どう説明したらよいのかいまだにわかりません。結局のところ，環境を含め一人一人はみんな違います。ラベルは正しい理解のもとで利用しなければ，かえって目の前の子どもを見失います。大切なのは，ラベルに縛られすぎず，その子自身をしっかりと見ること，これに尽きるのではないかと思います。

（ある娘の母）

"はざまにいる子" についての Q&A

Q1
▶▶▶日本の学校教育において，
ギフテッドはどのように認定，判断するのですか？

A　現在日本においては，ギフテッドの公的な定義は存在しません。そのためギフテッドであるかどうかは，残念ながら判断できません。クリニックなどでウェクスラー式知能検査（WISC-Vなど）の結果を受けて，ギフテッドであると指摘されることはあるようですが，実際には定義がない以上，何とも言えないのです。筆者自身，ギフテッドの相談を受けることがあるのですが，本人や保護者には，極力直接「ギフテッド」であるかどうかを言わないようにしています。ただし，支援者などには（相談者が）ギフテッドであると考えて配慮や支援をしてほしい，とお願いしています。あくまでもギフテッドという言葉は，配慮や支援に繋げる「ラベル」として必要に応じて使い分けています。

　支援者にお願いをする際に，まずは知能検査の結果を検討し，認知特性についてお話します。そして何より適応上の問題についてどのような配慮や支援ができるかをお話しします。を抱えていることが重要です。環境設定や環境調整を行うことで，問題が解決すれば良いのですが，発達障害を併存している2Eの子どもの場合は，配慮や支援のお願いをする際に「ギフテッドの特性に応じた支援」と「発達障害の特性に応じた支援」と分けてお話をします。

　配慮や支援は，本来「診断名」や「ラベル」で決めるのではなく，本人の「困りごと」や「生きづらさ」が何であるのかを明らかにした上で，それらを解決するために行うものです。ただし，残念ながら日本の教育現場では，それではなかなかすんなり理解してもらえず，診断やラベルがないと学校の中で配慮や支援が受けられないことが多いのが現状です。ギフテッドについてよくわからないことが多いとお話しされる支援者には，既存の価値観やフレームワークはいったん脇に置いてもらい，当事者の困りごとや生きづらさを共有しながら，解決策を一緒に考えるようにしています。認定・判断ありきではないことは特に理解してほしいところです。

133

Q2
▶▶▶ギフテッドの子どもは学校教育では配慮や支援が
受けられないのでしょうか？

A　ギフテッドの子どもは，第1章で述べた通り，2Eの場合は別として，現状日本の学校教育において特別支援教育の枠組みでは支援が行われていません。ちなみにこの「特別支援教育の枠組み」とは，要するに，

1　専門性の高い教員が指導や支援を行う
2　特別の教育課程を編成することができる
3　自立活動がある
4　本人の特性（教育的ニーズ）に応じた指導及び支援を行う

ことです。

正直「専門性の高い教員」というところに引っ掛かりを覚える方もおられるでしょうが，「特別の教育課程の編成」というのは，非常に重要なポイントです。この特別の教育課程の編成がギフテッドの子どもへの教育において可能となれば，制度上「早修」といった学年を超えた先取り学習が可能になります。ただし，現時点でもある程度の「早修」は可能ですが，それには「当該学年の学習指導要領の内容を学習した上で，それを超えた部分の学習を行う」ということになります。実際に特別支援学級でこうした学年を超えた学習を行っているギフテッド・2Eの事例がありますが，これを通常学級で行うことは実質難しいでしょう。

なお，「飛び級」の制度は，当該学年の学習指導要領を学習せずに上の学年に上がることなので，現行の制度では少なくとも義務教育段階においては不可能です。高校の場合，飛び級で大学に入学することが日本でも可能（令和5年現在で10校）ですが，その際高校は中退扱いになります。そのため，この制度を利用して大学を中退してしまうと，中卒の資格しかないので，高卒認定資格を取らなければいけないことが問題となっています。合理的配慮については，Q5で触れます。

Q3
▶ ▶ ▶ 2Eの子どもは，特別支援教育の枠組みの中で
ギフテッドの特性に応じた支援が受けられないのでしょうか？

A もちろん現時点では，制度上受けることができます。ただし，実際の現場を見てみるとかなり難しい問題があります。いろいろな事例の中で特に多いのが「知的能力が高いので（支援は）必要ない」と言われた，とか「もっとできない子どもや困った子どもがいる」と言われてしまった，というものです。子どもには，実際に教育的ニーズがあるにもかかわらず，相対的に比較されて「（支援が）不要」と判断されるのは不合理だと思います。まずは学校側の理解を得る，というのが重要です。

　学校側の理解が得られたとしても，ギフテッドの特性に応じた支援は非常に専門性が高い領域です。発達障害の特性とギフテッドの特性は，それぞれ教育的ニーズが異なります（第1章[2]）。ギフテッドの特性を理解して支援を行える先生は，正直言ってまだまだ少数派でしょう。筆者も行動だけ見ると，ギフテッドの特性なのか発達障害の特性から来るものかを判断できないこともしばしばあります。そのため，発達障害の特性に対する支援のみがなされ，ギフテッドの特性に対する支援が行われていないケースが多いように感じます。こうした特性の評価も難しいだけではなく，保護者への支援も必要になりますし，多様な教育的ニーズを持っているのがギフテッドの子どもであると言えます。

"はざまにいる子"についてのQ&A　　**135**

Q4
▶▶▶過度激動，OE（overexcitability）とは何ですか？

A 過度激動，OE はギフテッドの子どもたちのニーズを把握する上で欠かせない概念であり，精神科医のダブロフスキー（Dabrowski, K.）によって指摘されました（Daniels & Piechowski, 2008 など）。OE は過度激動と訳されるほかにも過興奮性（Webb, Gore, Amend & DeVries, 2007 角谷 訳 2019），超活動性（松村，2021）などと訳されている場合もあります。本書では，過度激動という訳語を使うことにします。

別掲の表を基に，それぞれの過度激動について，簡単に説明します。

過度激動は，行動的側面だけをみてみると発達障害の特性と類似しているものも多いという印象を持った方もいるのではないでしょうか。例えば，精神運動性過度激動は，積極性や行動力，探究心が見られることから，幼児期や学齢期では多動・衝動性が強い子どもとしてみられることがあります。ただ，よく観察していると行動を自分で制御して抑えられている場面もある点などは，注意欠如・多動症の子どもとは異なります。ですが，自閉スペクトラム症にも高頻度で認められる感覚過敏は，感覚性過度激動と特徴が非常に類似しています。感覚過敏は，本人にしかわからない感覚で，周囲の人は気づきづらい部分も多いです。特に不快な刺激や特定の刺激が苦手であったとしても，言語化が難しかったり，そもそもみんなが不快に思っていると思って自分は我慢する，といったことがあるかもしれません。我慢し続けてしまった結果，のちに抑うつやイライラ，攻撃性として現れることがあります。ですが，非常に感性が豊かで芸術面で素晴らしい能力を示すことがあります。情動性過度激動は，強い責任感や正義感の強さに特徴付けられるポジティブな特性を持つ一方で，クラスメイトの行ったルール違反に過敏に反応したりすることで，人間関係を悪化させてしまうこともあります。

過度激動は，強みと弱み，双方がまさにコインの裏表のような関係にあります。注意すべき点としては，ライフステージごとに現れ方も異なる場

合が多いほか，すべてのギフテッドがいずれの過度激動すべて見られる
わけではなく，部分的に見られたり，弱く目立たなかったりする場合もあ
ります。過度激動は，ギフテッドの特性として語られることが多いですが，
ギフテッドの専売特許ではなく，知的発達が平均的な水準の人でも見られ
ることがあります。

表　過度適応の５つのタイプ
（日高他，2021；片桐，2023；片桐他，2021；Lind，2001）

	過度激動で説明される特徴
精神運動性過度激動 Psychomotor Overexcitability	活動的でエネルギッシュな行動や性格 ・積極的に活動したり，激しい運動を好んだり，絶えず話したりしている。動くこと自体を目的とした運動も含む。
感覚性過度激動 Sensual Overexcitability	視覚，聴覚，嗅覚，触覚，味覚から生じる感覚に対する喜びや不快感の亢進を示す ・音楽，言語，芸術等の美的快感情が高く，味覚，嗅覚，質感，音，光景から喜びを感じやすい。
想像性過度激動 Imaginational Overexcitability	イメージの鮮明さ，連想の豊かさ，イメージや比喩の多用，空想，高度で複雑な想像力や発明を示す ・現実とフィクションを混ぜたり，退屈しのぎに空想上の仲間等を作ったりする。
知性過度激動 Intellectual Overexcitability	積極的に知識を獲得し，見聞きしたものを分析的に捉え，理解しようとする強い動機づけを示す ・自分の考えを持ち，好奇心旺盛で鋭い観察力を持つ。自分が関心を持った問題について粘り強く，長時間集中して取り組む。論理的思考を好み，社会・道徳的問題に関心を持つこともある。
情動性過度激動 Emotional Overexcitability	感情の起伏や激しさの調整の難しさ，他者の感情との同一化，愛着や思いやり，強い感情表現を示す ・人，場所，物に対して強い感情や愛着を示したり，思いやり，共感，関係性，責任感に対する感受性を示す。

"はざまにいる子"についての Q&A　　**137**

文献

Daniels, S., & Piechowski, M. M. (2008) . *Living With Intensity. Understanding the Sensitivity, Excitability, and Emotional Development of Gifted Children, Adolescents, and Adults.* Scottsdale, AZ: Great Potential Press.

日高 茂暢・富永 大悟・片桐 正敏・小泉 雅彦・室橋 春光（2021）．知的ギフテッドの Overexcitability 特性を評価する心理尺度の開発――Overexcitability Questionnaire-Two 日本語版の試作―― 佐賀大学教育学部研究論文集，5⑴，95-112.

片桐 正敏（2023）．ギフテッドの子どもへの理解と支援，SRL宝函，44⑵，45-49.

片桐 正敏（編著）（2021）．ギフテッドの個性を知り，伸ばす方法 小学館

Lind, S. (2011). Overexcitability and the gifted. *The SENG Newsletter,* 1(1), 3-6.

松村 暢隆（2021）．才能教育・２E教育概論――ギフテッドの発達多様性を活かす―― 東信堂

Webb J.T., Gore J.L., Amend E. R. & DeVries A.R.(2007). *A Parents Guide to Gifted Children.* Great Potential Press.（ウェブ，J. T.，ゴア，J. L.，アメンド，E. R.，デヴリーズ，A. R. 角谷 詩織（訳）（2019）．わが子がギフティッドかもしれないと思ったら――問題解決と飛躍のための実践的ガイド―― 春秋社）

Q5
▶▶▶ギフテッドや境界知能の子どもは通常学級で
合理的配慮を受けることができないのでしょうか？

A 合理的配慮は学校教育を受けているすべての子どもが対象であると考えるべきでしょう。我が国では，合理的配慮の考え方は，障害者権利条約の批准に伴う国内法整備の一つとして作られた障害者差別解消法の中に明記されています。その中ではすべての事業者による障害のある人への合理的配慮の提供が義務化されています。障害者差別解消法では，障害者から「現に社会的障壁の除去を必要としている旨の意思の表明があった場合」に合理的配慮をする必要がある，と書かれています。この障害というのは，学校教育で言えば学校教育法および施行令，施行規則に記載されている障害が該当するのですが，こうした障害のある幼児児童生徒に対して，合理的配慮をすることが義務付けられ，またその合理的配慮をしない場合差別に当たる，というのが障害者差別解消法になります。

この法律は，障害者と認定されなければ合理的配慮をする必要はない，ということを言っているわけではありません。そもそもこの法律は，障害の診断あるなしにかかわらず，社会的障壁によって生まれた機会の不平等を正すために合理的配慮を行う，ということであって，法の趣旨としては，あくまでも社会的障壁の除去であり，事業者と当事者双方が対話を通して社会的障壁の存在を検討して除去のための方法を検討するものです。

本来，このような法律がなくても，誰しもが過剰な負担にならない程度で社会的障壁を除去する，といった当たり前のことを自然とししあえる社会であればいいのですが，こと「障害者」の場合，こういった当たり前の合理的配慮すら事業者が行っていない現状があったことから，障害者差別解消法という法律を作ることによって「特に」事業者側に合理的配慮を義務付け，障害者の権利を優先的に守る，ということになったのです。

サービスを提供する事業者は，「合理的配慮」については障害の有無にかかわらず行われるべきものです。我が国が今後成熟したインクルーシブ

"はざまにいる子"についてのQ&A **139**

社会を目指す上で，この合理的配慮は重要な概念になると思います。現段階では，法律上「障害者」に対して義務付けられていますが，学校教育に限っていえば，個々の子どもで教育的ニーズが異なりますし，学習の際に何らかの困ったことがどの子も出てくるはずです。つまり，学校は教育サービスを行う事業者として，要請があればすべての人に合理的配慮を行う義務があります。学校教育を受ける上でなんらかの社会的障壁がある子どもが，障害がないから社会的障壁を除去する義務は学校にはないので応じられない，と学校は言うことができないはずです。わかりやすい例だと，感覚過敏のある自閉スペクトラム症の子どもは合理的配慮を受けることができて，同じように感覚過敏があり障害認定を受けていない子どもは合理的配慮を受けられないのは不合理ですし，場合によっては逆差別とも言えるかもしれません。子どもが社会的障壁により学習上，生活上困ったことがあれば，学校側と子どもや親が話し合って合意形成をし，誰もが学びやすい環境，誰もが安心して過ごすことができる環境を作るのが学校の役割です。

　そもそもこれまでの学校教育において，近視の人に対する合理的配慮はすでに行われていました。教室内では誰の断りもなく眼鏡を掛けても良いですし，本人の訴えがあれば先生に言って黒板の前の席にしてもらうことは可能です。字が小さく見にくければ「大きく書いてほしい」という願いも大概通ります。そして本人が不要と感じていれば，眼鏡をする必要もなければ席の配慮を求めなくても良いですし，先生からの配慮の要請も断れます。同じようにギフテッドや境界知能のある子どもに対しても，本人の求めに応じて本人の学びを妨げている障壁の除去に対して，双方の合意形成を通じて柔軟に先生や学校側が過度な負担がかからない程度で配慮や支援を行うことができるはずです。

おわりに

　本書の執筆は，共同編者の片桐先生や金子書房編集部の加藤さんと「今，何を伝えたいか」を言語化する作業から始まりました。ギフテッド，２E，境界知能といった本書のキーワードは早い段階で出てきていたのですが，それだけでは伝わらない感じがありました。ギフテッド，２E，境界知能の子どもたちに共通することを具体的な姿をイメージしながら考えた結果，しっくりきたのが，本書のタイトルにもなっている「特別支援教育のはざまにいる子どもたち」という言葉でした。

　2007年に特別支援教育が始まってから，発達障害など障害のある子どもたちへの理解と支援は広がってきましたが，一人ひとりのニーズに応じるという特別支援教育の理念が十分に体現されているかというと，まだまだ課題があると感じていました。「特別支援教育のはざまにいる子どもたち」について語ることは，改めてその課題と向き合う機会にもなったと思っています。そして，本書では「特別支援教育のはざまにいる子どもたち」のことをたくさん語っていますが，その中には明確に特別支援教育の対象となっている障害のある子どもたちへの理解と支援にとっても必要な視点がたくさん含まれています。

　ここで，少し本書の構成について述べます。各章の冒頭にリード文をつけ，本文を読む前に概要がつかめるように工夫しています。そのため，「おわりに」で説明することはあまり必要がないかもしれません。ただ，「はじめに」や「おわりに」を読んだ後で，本文を読まれる方もいらっしゃるだろうと思い，リード文よりもさらに簡潔な紹介をしたいと思います。まず，第１章は，特別支援教育の概略と，ギフテッド，２E，境界知能の子どもについて解説しています。次に，第２章・第３章では，ギフテッド，２E，境界知能の子どもたちの日常生活や学校生活の様子を，エピソードや事例を交えながらライフステージごとに伝えています。そして，第４章では，ギフテッド，２E，境界知能の子どもたちが支援につながるためのアセスメントについて，できる限り幅広く，かつ具体的に紹介しています。さらに，第５章・第６章では，ギフテッド，２

E，境界知能の子どもたちの支援について，ライフステージごとにエピソードを交えながら説明しています。最後に，第7章は編者2人による対談で，これからの特別支援教育についての想いをあつく語っています。それぞれの章には，とても強い関連があるため，同じことを何度も書いているように感じられる部分もあるかもしれません。ただ，重なる部分は，特に大切かつ伝えたいことなのだと思っていただけると幸いです。また，「はじめに」や「第1章」は先に読んでいただいたほうがわかりやすいと思いますが，他の章はどこから読んでいただいても内容がつかめるようになっていると思います。

　もう一つ，企画の早い段階から話をしていたのは，好事例を集めた本を作りたいということでした。日本の教育の限界を論じるのではなく，可能性を語れるような本になればと思っていました。本書では，特別支援教育のはざまにいる子どもたちの視点からみた課題についてもたくさん語っていますが，それは期待を込めて語っているのだと思っていただければありがたいです。

　編者たちは教育大学にいて，学校現場の多忙さや疲弊を日々肌で感じています。今ここで語る必要はないかもしれませんが，教員の働きすぎやメンタルヘルスの問題は深刻になっています。そのため，特別支援教育のはざまにいる子どもたちの支援を進めることが，教員の多忙さを加速させるようなことになってはいけないし，そうならないと思っています。本書から得られたことが読者の一人である先生たちにとって少しの余裕が生まれることにつながるとよいなと思っています。また，一人ひとりのニーズや特性の違いは，教員自身にもあります。教員は専門職であり，ある一定の共通した専門性は期待されますが，一人ひとりできることには違いがあります。ただ，教員が一人ひとりのできることを最大限に生かすことができれば，教育でできることはさらに広がるでしょうし，一人ひとり違うからこそ，一人ひとり違う子どもたちのニーズに応じることができるのではないでしょうか。

　次に，読者の一人である保護者に向けて。子どもが大変な状況にいるとき，子育ても大変になりやすいと思います。筆者は子育てに悩む保護者さんたちのペアレント・プログラムやペアレント・トレーニングに携わっていますが，そのなかでも保護者の「子どものいいところがわからなくなった」という声を聴くことがあります。そんな保護者のほとんどが，「そんなこと誰にも言えなか

った」と話されます。本書で紹介している「はざまにいる子どもたち」は環境になじめず苦しい思いをしていることも少なくありません。そして，保護者はそんな子どものすぐ近くにいるわけですから，本当に苦しい思いをされ，何とかしようと焦ることもあると思います。ただ，その保護者の焦りがより状況を難しくさせてしまうこともあります。本書から少しでもヒントを得て，明日の子育てに活かしていただけたら幸いです。

　そして，対談でも話している「安心・安全を保障する」ということについて。本書で述べてきたことは，子どもたちの才能を育むことに役立つだろうと思いますが，筆者たちは稀有な才能をもった子どもたちの才能の伸ばし方を知っているわけではありません。極端な話をすれば，世紀の発見をする科学者やオリンピック等の国際大会で活躍するスポーツ選手を育てる自信はまったくありません。また，子どもたちが才能を伸ばして評価されることを唯一の目標にしているわけでもありません。偉人たちの中には，客観的にはその才能を評価されながらも，主観的に幸せと感じることのない生活を送っていた可能性がある人がいることは伝記などをみても感じるところです。そう考えると大切なのは，子どもたちが日々安心・安全を感じながら，その可能性を伸ばすことができる場や状況に居続けることをどう保障するか，ということではないかと思います。そのためには，繰り返し述べているように，一人ひとりの子どもたちのニーズを理解する必要があります。

　子どもたちを見つめる時に，どうしても自分の当たり前をもとに判断してしまいがちです。集団の中では，混ざり合って見えにくくなっているかもしれないけれど，子どもたちには一人ひとりのニーズがあり，周囲の人たちがもつ自分の中の当たり前の枠組みではそのニーズをつかみ取ることは難しい場合もあると思います。そんな時，もし新しい枠組みを知識として持っていたら，そのニーズに気づくことができる可能性は高くなるでしょう。また，今自分がもっている枠組みを子どもたちに振りかざして，子どもたちを傷つけることを防ぐこともできるでしょう。本書がそのような新たな枠組みを知るきっかけになれることを願っています。そして本書でもたびたび述べてきたように，ラベルをつけることは，ニーズを顕在化する一方で，その近くにあるものを見えにくくする可能性もあることにも注意しながら，ギフテッド，2E，境界知能といっ

た言葉を使っていただけたらと思います。

　最後に，いろいろな方に感謝の意を表したいと思います。まず，共同編者の片桐先生。共同での編集を快く引き受けていただきありがとうございました。執筆した内容以外にもたくさんお話しする機会をいただき，本当に楽しい時間を過ごせました。次に，執筆者の皆様。お忙しい中，貴重な原稿をありがとうございました。編者たちが伝えたいと思っていたことがより伝わりやすくなりました。そして，金子書房編集部長の加藤浩平さんをはじめ金子書房の皆さま。本当に粘り強くお付き合いいただいてありがとうございました。熱量を共有できてよかったです。杉山登志郎先生，松村暢隆先生はじめ，筆者に本書で扱ったテーマを考える機会を与えていただいた先生方，本当にありがとうございます。最後に，たくさんの子どもたちやそのご家族の皆様，学校の先生や支援者の皆様との出会いがあって本書を作れたと思っています。本当にたくさんの人に感謝しています。

　小学生の頃，好きな言葉を書くように言われた課題で選んだ言葉は「破天荒」でした。知っている範囲で好きな言葉を選ぶ課題だったはずなのに，辞書を調べまくり見つけた言葉でした。今でも好きな言葉です。その時に，苦笑いしながら（たぶん）認めてくれた周囲の人たちに今でも感謝していますし，そんな出来事の積み重ねが今の自分を支えてくれています。

2024年9月
Mr.Children の GIFT を聴きながら　小倉　正義

執筆者紹介

＊片桐　正敏（かたぎり・まさとし）　北海道教育大学旭川校 教授
　　　　　はじめに，第1章 [2] [3]，第2章 [2]，第3章 [2]，第4章，第5章 [1] [2] [3] [5]，第7章，Q&A

＊小倉　正義（おぐら・まさよし）　鳴門教育大学大学院学校教育研究科 教授
　　　　　第1章 [1]，第2章 [1] [3]，第3章 [1] [3]，第4章，第6章 [1] [2]，，第7章，Q&A，おわりに

　望月　直人（もちづき・なおと）　大阪大学キャンパスライフ健康支援・相談センター 准教授
　　　　　第5章 [4]

　富永　大悟（とみなが・だいご）　山梨学院大学教職センター 准教授
　　　　　第6章 [3]

Column執筆者紹介

森村美和子（もりむら・みわこ）　東京都狛江市立狛江第三小学校 自閉症・情緒障害特別
　　　　　　　　　　　　　　　　　支援学級 指導教諭

末﨑　　葵（すえざき・あおい）　フリースクール ゆずラボ 代表

早貸千代子（はやかし・ちよこ）　筑波大学附属駒場中学校・高等学校 養護教諭

篠原　里奈（しのはら・りな）　社会福祉法人みらい 放課後等デイサービス ジュニアク
　　　　　　　　　　　　　　　ラブ蔵本 管理者兼児童発達支援管理責任者

泊岩　水月（とまいわ・みづき）　ギフテッド当事者

鈴木　一生（すずき・いっせい）　ギフテッドの子どもの保護者

寺内　　壽（てらうち・ひさし）　鳴門教育大学附属特別支援学校 校長

赤塚　美枝（あかつか・みき）　特定非営利活動法人ぷりずむ 理事長

ある娘の母（あるむすめのはは）　一般社団法人ギフテッド応援隊

※敬称略・執筆順。＊は編者。所属は刊行時のものです。

編著者紹介

小倉　正義（おぐら・まさよし）

鳴門教育大学大学院学校教育研究科教授，同大学発達臨床センター所長。専門は，発達臨床心理学。名古屋大学発達心理精神科学教育研究センター（現：心の発達支援研究実践センター）特任研究員，鳴門教育大学大学院学校教育研究科講師・准教授を経て，現職。大学で教鞭をとりながら，臨床心理士／公認心理師として様々な現場・地域で発達支援・家族支援を行っている。主な著書に『ギフテッド：天才の育て方』（学研プラス，共著），『発達障害の子の気持ちのコントロール』（合同出版，共著），『発達障害の子の気持ちの聞き方・伝え方』（合同出版，共著），『２E教育の理解と実践』（金子書房，分担執筆），『発達障がいといじめ：発達の多様性に応える予防と介入』（学苑社，編著）ほか多数。

片桐　正敏（かたぎり・まさとし）

北海道教育大学旭川校教育発達専攻特別支援教育分野教授。博士（教育学）。公認心理師，臨床発達心理士，特別支援教育士スーパーバイザー。国立精神神経医療研究センター，富山大学，浜松医科大学子どものこころの発達研究センター，北海道教育大学旭川校准教授を経て，現職。専門は，臨床発達心理学，認知神経科学，特別支援教育。大学での臨床活動のほか，スクールカウンセラーや地域での発達支援などを行っている。主な著書に『ギフテッドの個性を知り，伸ばす方法』（小学館，編著），『マンガ＆イラスト解説 ギフテッド応援ブック：生きづらさを「らしさ」に変える本』（小学館，監修），『保育の心理学：育ってほしい10の姿』（中山書店，編著），Bayley-Ⅲ乳幼児発達検査（日本文化科学社，日本語版作成刊行委員）ほか多数。

特別支援教育のはざまにいる子どもたち

ギフテッド・2E・境界知能

2024年10月29日　初版第1刷発行　　　　　　　　［検印省略］

編著者　小 倉 正 義
　　　　片 桐 正 敏
発行者　金 子 紀 子
発行所　株式会社　金 子 書 房
　　　　〒112-0012　東京都文京区大塚3-3-7
　　　　TEL　03-3941-0111㈹
　　　　FAX　03-3941-0163
　　　　振替　00180-9-103376
　　　　URL　https://www.kanekoshobo.co.jp
印刷／藤原印刷株式会社
製本／有限会社井上製本所
装幀／mg-okada
本文組版／株式会社APERTO

ⒸMasayoshi Ogura, Masatoshi Katagiri, et al., 2024
ISBN 978-4-7608-2857-9 C3037
Printed in Japan